Magische Rituale

Magische Rituale

Sigrid Kersken

Kersken-Canbaz-Verlag, Holdenstedt

3. überarbeitete Auflage

Herstellung: Books on Demand GmbH, Norderstedt
Satz mit KOMA-Script und LaTeX.

ISBN 978-3-89423-072-2

Inhaltsverzeichnis

Vorwort

Ein kleines Büchlein wie dieses kann natürlich nicht umfassend über das Gesamtgebiet magischer Rituale mit Beispielen aus allen Gebieten unterrichten. Deshalb werden wir in diesem Buch eine Einführung in die Prinzipien magischer Rituale geben, die wir anhand einiger, umfassend anwendbarer Beispiel-Rituale erläutern.

Mit Hilfe dieser Technik wirst Du in der Lage sein, magische Rituale anzuwenden, zu entwerfen und zu beurteilen. Gleichzeitig hast Du einige grundlegende Rituale zur Verfügung und kannst sie für die verschiedensten Zwecke anwenden.

Du wirst nach der Durcharbeitung von »Magische Rituale« zwar kein »Magier-Profi« sein, aber alle notwendigen Grundkenntnisse für die Ritualarbeit besitzen.

Kapitel 1

Wie funktioniert Magie

In diesem Kapitel lernst Du, was magische Rituale sind und wie sie funktionieren. Die grundlegenden Elemente von Ritualen und Magie werden erläutert.

1.1 Was sind magische Rituale

Ein magisches Ritual ist eine Methode, Deine Handlungen und Wahrnehmungen vorzubereiten und zu planen. Das Ziel dieser Rituale besteht darin, Dein Bewusstsein zu verändern. Auch mit Drogen kannst Du Dein Bewusstsein verändern. Aber unter Drogeneinfluss verlierst Du die Fähigkeit, Wahrnehmungen und Wirkungen zu lenken. Du bestimmst also nicht mehr, was passiert. Das kann bei Ritualen schwerwiegende Folgen haben.

1.2 Wie funktionieren magische Rituale

Die moderne Biologie hat gezeigt: Menschen, bzw. das menschliche Nervensystem ist ein selbstreferentielles System. D.h., alles, was Du wahrnimmst oder denkst, kann zwar von Deinen Sinnesreizen angeregt werden. Niemals aber kann Deine Umwelt bestimmen, wie Du diese Sinnesreize verarbeitest. Du interpretierst beispielsweise bestimmte Schwingungen als Töne und sagst dann, es handele sich um ein hohes C.

Du bestimmst, was Du wahrnimmst!

Die Forschung ging noch weiter! Es wurde festgestellt, dass das menschliche Nervensystem seine eigenen Sinnesreize erzeugt. Unterscheidungen zwischen Innen- und Außenreizen kann es nicht vornehmen. Weiterhin kann es auch keine Objekte der Außenwelt wahrnehmen. Es erzeugt alle Objekte selbst.

Wenn Du zum Beispiel aus dem Fenster blickst und gegenüber ein Haus sieht, so bedeutet das, dass Du in Deinem Kopf ein Haus entstehen lässt. Es bedeutet nicht, dass dort tatsächlich ein Haus steht!

Während der vergangenen Hochzeit des wissenschaftlichen Zeitalters wurde Magie für unmöglich gehalten. Die Wissenschaft ging davon aus, dass es eine objektive Außenwelt gäbe. Sie glaubte, dass es Aufgabe des Menschen sei, diese Außenwelt zu erforschen und zu erkunden.

Schon der deutsche Philosoph Kant zeigte im 18. Jahrhundert, dass diese Auffassung falsch ist. Wissenschaftler finden Naturgesetze nicht, sondern sie erfinden sie. Die sogenannte Wahrnehmung der Außenwelt ist keine Beobachtung, sondern eine Konstruktion!

Du hast in Deinem Leben gelernt, es gäbe etwas, was wirklich und tatsächlich besteht. Du hast Dich mit Deinen Mitmenschen darauf geeinigt, dass Häuser, Bäume etc. tatsächlich außerhalb von Dir existieren. Dadurch, dass Du dies mit anderen gemeinsam gemacht hast, könnt ihr zusammen feststellen, ob sich vor Deinem Fenster ein anderes Haus befindet oder nicht. Alles, was zu Deinem Alltag gehört, kannst Du mit anderen teilen. Wir nennen dies alltägliche Wirklichkeit.

Diese alltägliche Wirklichkeit wird von Dir jeden Tag aufs Neue geschaffen.

Wir haben oben festgestellt, dass wir unsere eigenen Wahrnehmungen erzeugen. Auch Illusion und Wirklichkeit sind selbsterzeugte Wahrnehmungen. Die Unterscheidung zwischen Illusion und Wahrnehmung haben wir willkürlich vorgenommen.

Magie heißt, dass Du Deine Wahrnehmungsstrukturen so änderst, dass Du Dir zusätzliche Wirklichkeiten erschaffst. Wirklichkeiten, die es bisher für Dich noch nicht gab.

Der Vorgang ist der gleiche wie bei der Erschaffung der Alltagswirklichkeit. Du tust etwas Neues und bildest Regeln. Dann prüfst Du, ob Du etwas Neues regelmäßig erzeugen kannst und ob Du es sehen, hören, fühlen, riechen und schmecken kannst. Im nächsten Schritt fragst Du andere, ob sie es auch wahrnehmen können. Funktioniert dies, so hast Du mit anderen zusammen eine neue Wirklichkeit erschaffen!

Magie ist eine alternative Wirklichkeit!

Machen wir uns das bisher Gesagte noch einmal ganz deutlich:

Alle neueren wissenschaftlichen Erkenntnisse - seien sie aus der Biologie oder der Physik - zeigen, dass die alltägliche Wirklichkeit nichts als Erschaffung und Gewöhnung (Regelmäßigkeiten) ist. Sie ist nicht »wirklich«! Oder anders: Deine Alltagswirklichkeit ist nicht wirklicher als jede andere mögliche Wirklichkeit wie Magie z.B. auch.

Da jeder Mensch so wie Du seine Alltagswirklichkeit erschafft, ist auch jeder Mensch dazu in der Lage, sich alternative Wirklichkeiten zu erschaffen!

Jeder Mensch kann alternative Wirklichkeiten erschaffen!

In solchen alternativen Wirklichkeiten können Geister erscheinen, Tische schweben, Verfluchte sterben und Tote wieder lebendig werden. All diese Ereignisse sind einfache Veränderungen der Alltagswirklichkeit - in der solche Ereignisse normalerweise nicht geschehen. Du hast Deine erste alternative Wirklichkeit gefunden! Wenn die Geister, die schwebenden Tische etc. dann für Dich schon wieder normal werden, hast Du Deine neue Alltagswirklichkeit.

Für den Magier sind allerdings diese alternativen Wirklichkeiten die Alltagswirklichkeit. Denn er kann alle Ereignisse jederzeit geschehen lassen. Er baut sich täglich sein eigenes wirkliches Universum.

Magie ist bewusste Erschaffung der Wirklichkeit

1.3 Die Elemente der Magie

Jeder Mensch hat drei grundlegende Fähigkeiten. Er kann denken, er kann fühlen und er kann handeln. Diese drei Fähigkeiten sind die Elemente der Magie: der Kopf, das Herz und die Hand. Mit Deinem Kopf beschließt Du, was geschehen soll - Du gibst die Richtung vor. Mit Deinem Herzen, Deinem Gefühl, bestimmst Du die Intensität, mit der etwas getan werden soll. Deine Hand führt das Beschlossene dann durch - Du wirst aktiv.

Richtung gibt Dir normalerweise Deine Wahrnehmung und Dein Denken vor. In der Magie erschaffst Du ganz zielbewusst ein bestimmtes Bild. Die alternative Wirklichkeit, die Du schaffen willst, gibt Dir die Richtung Deiner Veränderung vor.

Intensität wird im Alltagsleben gewöhnlich Gefühl genannt. Die meisten Menschen können dieses Gefühl nicht steuern. Es überkommt sie einfach. Aus diesem Grunde können sie diese Energie nicht bewusst nutzen. Für einen Magier reicht denken und vorstellen allein nicht aus. Ein Magier muss ganz bewusst vorgeben, wohin sich seine neue Wirklichkeit entwickeln soll. Diese Vorstellung muss er mit aller Kraft, die ihm zur Verfügung steht, beleben. Die Intensität, die der Magier dabei erreicht, bestimmt, ob die gewünschte Wirklichkeit realisiert werden kann.

Du belebst Deine alternative Wirklichkeit mit Deiner Energie!

Nachdem Du die Richtung und Intensität bestimmt hast, stellt die Aktivität das letzte Glied dieser Handlungskette dar. Aktivität ist die Erzeugung von Wirklichkeit. Aktivität ist andererseits auch die Vorbereitung von Richtung und Intensität - die rituellen Handlungen.

Rituelle Handlungen dienen dem Zweck, Deine Gedanken in eine vorgegebene Richtung zu lenken und dort zu halten. Sie helfen Dir, Deine neue Wirklichkeit zu erschaffen!

Die Elemente aller magischen Rituale sind: Aktivität, Richtung und Intensität

1. **Aktivität**: Das Ritual wird mit all seinen Wahrnehmungen und Handlungen von Dir durchgeführt.
2. **Richtung**: Mit Hilfe von Aktivität (1.) erzeugst Du das genaue Bild von dem, was Du erreichen willst.
3. **Intensität**: Mit Hilfe von Aktivität (1.) versetzt Du Dich in einen Zustand höchster emotionaler Erregung. Deine Richtung behältst Du bei, belebst sie aber mit Deiner Energie.
4. **Aktivität**: Das Eintreten des gewünschten Ereignisses.

1.4 Die Elemente magischer Rituale

Wenn Du ein magisches Ritual durchführen möchtest, um Deine Wirklichkeit bewusst nach Deinem Willen zu formen, so musst du gezielte sinnliche Umweltreize und Aktivitäten einsetzen.

Die Operationen der rituellen Magie bestehen aus:

1. **Sehen**: Magische Symbole und Farben.
2. **Hören**: Anrufungen, Töne, Mantren, Musik.
3. **Geruch**: Räucherungen.
4. **Geschmack**: Wein, Brot usw.
5. **Imagination**: Das vorgestellte Ereignis, welches Du bewirken willst. Du fügst alle Wahrnehmungen von 1. bis 4. zusammen, um ein Bild von dem vorgestellten Ereignis zu bekommen. Mit dem Bild gibst Du dann die beabsichtigte Veränderung Deiner Alltagswirklichkeit an.
6. **Ekstase**: Die Belebung der Imagination. Du verbindest die Imagination mit Deinen Emotionen - Du belebst sie mit all Deiner Kraft - Intensität - die Dir zur Verfügung steht.

1.5 Ist Magie wirklich?

Es ist unnütz, darüber zu reden, ob die erreichten Veränderungen oder die beschworenen Geister in irgendeiner Form wirklich sind. Was wir erreichen können ist, dass nicht nur wir diese Geister wahrnehmen, sondern dass auch andere sie wahrnehmen können. Wenn auch andere Menschen Geister wahrnehmen können, hast Du den gleichen Grad von Wirklichkeit wie in Deiner Alltagswirklichkeit erreicht - Ihr könnt Euch über Geister unterhalten - sie sind wirklich geworden.

Das ist nicht nur wichtig, sondern notwendig! Woher willst Du wissen, ob Du Dir nicht alles nur eingebildet hast, ob alles nur Halluzination war? Du kannst das nur prüfen, wenn Du mit anderen redest und sie fragst, ob sie das gleiche wahrnehmen wie Du, nämlich z.B. einen Geist in Eurem Zimmer.

Wenn »Dein Geist« nicht von anderen wahrgenommen wird, heißt es nicht zwangsläufig, dass der Geist nicht existiert. Auch musst Du nicht unbedingt halluziniert haben. Aber dennoch heißt »Wirklichkeit«: eine Wahrnehmung mit jemand anderem teilen. Nur über Gemeinsames könnt Ihr reden!

Wirklichkeit ist gemeinsame Wahrnehmung!

Kapitel 2

Vorbereitungen

In diesem Kapitel erfährst Du, was Du wissen und können musst, um magische Rituale durchzuführen. Du lernst, was Symbole sind, wie ein Tempel eingerichtet wird und welche Vorübungen Du für die Rituale benötigst.

2.1 Symbole

In der Magie werden Symbole benutzt, um Richtungen und Energien festzulegen und zu lenken. Bestimmte Kräfte, welche häufig benötigt werden, erhalten ein einheitliches Symbol. Das erleichtert die Anwendung von Ritualen erheblich. Du kannst schnell und bequem mit Symbolen arbeiten.

Typisch sind z.B. die Elementarkräfte, manchmal auch Tattwas genannt:

Element	**Bezeichnung**	**Tattwa**	**Symbol**
Geist	Akasha	Schwarzes Ei	⊗
Feuer	Tejas	Rotes Dreieck	🜂
Wasser	Apas	Silberner Halbmond	🜄
Luft	Vayu	Himmelblaue Kreisscheibe	🜁
Erde	Prithivi	Gelbes Quadrat	🜃

Die Elementarkräfte sind die einfachsten Energie-Ebenen. Intelligenzen, welche aus diesen Energien bestehen, haben oft eine große praktische Weisheit. Die Energien ähneln stark denen der Naturkräfte, deren Namen sie tragen.

Intelligenzen = Wesenheiten von anderen Ebenen.

Auf einer höheren Ebene findest Du die planetaren Kräfte und darüber die zodiakalen. All die Ebenen sind in dem »Baum des

Lebens« genannten Diagramm zu einem System zusammengefasst. Über die genaue Bedeutung dieser Ebenen und des Diagramms kannst Du Dich in einem Buch über Kabbalah informieren. Das Thema ist zu umfangreich, um es hier ausreichend zu behandeln. Das folgende Kapitel gibt nur einen kleinen Überblick.

Planetare Kräfte = Kräfte, die den Planeten unseres Sonnensystems zugeordnet werden.

☉ Sonne	☽ Mond	☿ Merkur	♀ Venus	♂ Mars
♃ Jupiter	♄ Saturn	♅ Uranus	♆ Neptun	♇ Pluto

Zodiakale Kräfte = Kräfte, die den Tierkreiszeichen zugeordnet werden.

♈ Widder	♉ Stier	♊ Zwilling	♋ Krebs	♌ Löwe	♍ Jungfrau
♎ Waage	♏ Skorpion	♐ Schütze	♑ Steinbock	♒ Wassermann	♓ Fische

2.2 Kabbalah

Im folgenden Text werde ich kurz und leicht verständlich eine Beschreibung der Kabbalah geben. Dadurch wird die Darstellung etwas ungenau. Sie kann nur der Nährboden für Dich sein, auf welchem Dein Verständnis der Kabbalah wachsen kann.

Kabbalah ist ein hebräisches Wort, das »Wissen« oder »Überlieferung« bedeutet.

Die Christen glaubten, dass der Weg zur Erlösung durch Glauben, Liebe und gute Taten geht. Die Kabbalisten sagen, dass es nur möglich sei, Gott oder das Urprinzip durch Erkenntnis zu erreichen. Nicht die Sünde im christlichen Sinne trennt uns von Gott, sondern unsere Unfähigkeit, das Urprinzip zu erkennen.

Urprinzip = die allen Erscheinungen innewohnende Kraft.

Die grundlegenden Vorstellungen der Kabbalah sind: Alle Dinge im Universum sind Teil eines organischen Ganzen. Das Ganze wird von Gesetzen beherrscht. Zwischen den Dingen gibt es Verbindungen oder Entsprechungen.

Das Urprinzip ist erkennbar durch seine Erscheinungen!

Der Mensch wird als Widerspiegelung des Urprinzips und des materiellen Universums betrachtet. Die Idee eines Pfades, den wir stufenweise erklimmen können, um uns dem Urprinzip zu nähern, stammt von diesem Bild.

Der Mensch spiegelt das Universum wider!

Die Kabbalah sagt: Das Urprinzip ist vollständig unbegreiflich. Es kann niemals direkt angesprochen werden, auch nicht im Gebet. Es ist Alles und Nichts. Es hat keine Eigenschaften und ist daher weder gut noch böse. Die Kabbalah nennt es »Ain Soph«, das Grenzenlose.

Das Universum wurde vom Urprinzip nicht erschaffen. Es floss aus ihm heraus, nicht als Willensakt, sondern notwendig.

Die Beschreibung des geschilderten Vorgangs ist ebenfalls nicht vollständig begreifbar. Sie liefert uns aber einige Anknüpfungspunkte.

Der »Sohar« verwendet zur Verdeutlichung folgendes Beispiel:

Sohar = Abhandlung über hebräische Religionsphilosophie

Aus dem »Ain Soph« brach ein einzelner Lichtstrahl. Aus diesem Licht kamen 9 weitere Lichtstrahlen. Diese 9 Lichtstrahlen sind die erste Offenbarung des unbegreiflichen Urprinzips. Jeder dieser 10 Strahlen offenbart bestimmte Aspekte des Urprinzips. Diese 10 Strahlen sind in der Kabbalah als »die 10 Sephiroth« bekannt. Die Sephiroth können erkannt werden.

Die Kreise am Baum des Lebens heißen »Sephiroth«!

Die Sephiroth (siehe Abb. 1 auf S. 13) symbolisieren die Kräfte hinter dem Menschen und dem Universum. Der »Baum des Lebens«

ist die Darstellung der Sephiroth in Form eines Diagramms. Er zeigt, wie das Urprinzip von Kether durch die anderen Sephiroth zu Malkuth herabfließt, bzw. sich zu unserer materiellen Welt verwirklicht. Umgekehrt zeigt das aber auch den Weg, den der Mensch gehen muss: von Malkuth zu Kether. Dieser Weg ist lang und gefahrvoll, mit vielen Fallen bestückt.

Jede einzelne Sephira charakterisiert ein grundlegendes Prinzip. Folglich kann alles Existierende, jedes Ding und jeder Gedanke von Dir, dem »Baum des Lebens« zugeordnet werden. Wenn Du diese grundlegende Struktur verwendest, um Deine Erfahrungen und Wahrnehmungen nach diesem Muster zu ordnen, so erhältst Du eine inhaltsreiche und vielseitige Darstellung Deines Universums.

Zur Vereinfachung teilen wir den »Baum des Lebens« in 3 Säulen ein. So kannst Du die Beziehungen zwischen den Sephiroth leichter verstehen und Deine Kenntnis vertiefen.

Säule der Gnade. Die rechte Säule stellt die männlichen, positiven, hellen Aspekte dar. Sie ist das Yang.

Chokmah ist der Vater des Universums, die männliche, aktive Kraft hinter allem Tätigen und Schöpferischen.

Chesed ist die zivilisierende, beschützende, liebende, väterliche Kraft.

Netzach ist die Kraft der Natur, der Impuls und die Emotionen. Diese drei Sephiroth bilden die Säule der Gnade.

Säule der Strenge. Die Sephiroth auf der linken Seite verkörpern die weiblichen, passiven, dunklen Prinzipien, das Yin.

Binah ist die Mutter des Universums, passiv und aufnehmend bis zur Befruchtung, danach fruchtbar. In Binah sind die schlummernden Möglichkeiten der Formen. Sie ist das Gegenstück zu Chokmah, dessen Kraft sie Wert bzw. Form gibt.

Geburah ist die gebündelte Energie, stark und mit zerstörerischer Kraft. Die liebende Energie von Chesed wird hier gesammelt und konzentriert und so zu Stärke und Strenge.

Hod sammelt die Energien von Netsach, die Emotionen, welche hier zur Vernunft werden, zur Inspiration. Diese drei Sephiroth bilden die Säule der Strenge.

Mittlere Säule. Die Mittlere Säule oder das Bewusstsein stellt das Gleichgewicht her.

Kether ist die erste Emanation (Ausfluss) des unbegreiflichen Urprinzips. Es beherrscht die obere Dreiheit. Es stellt das höchste Stadium der menschlichen Entwicklung dar, welches wir auch als Erleuchtung bezeichnen.

Tiphareth ist das Selbst, der Heilige Schutzengel. Zwischen Gnade und Strenge erscheint das Selbstbewusstsein, der freie Wille.

Yesod ist das Fundament, das Unbewusste, das Astrale.

Malkuth, ganz unten ist der Mensch im materiellen Universum, in seinem tatsächlichen Sein. Die anderen 9 Sephiroth sind in Malkuth enthalten. Entwicklung heißt, dass der Mensch die anderen Sephiroth verwirklicht.

Die 22 Verbindungslinien zwischen den Sephiroth werden die »Pfade der Weisheit« genannt. Die Sephiroth stellen natürliche Kräfte dar, die Pfade Bewusstseinszustände.

Die Sephiroth sind statisch, die Pfade dynamisch.

Jeder Pfad verkörpert einen Gleichgewichtszustand zwischen den Kräften der beiden Sephiroth, die er verbindet. Genauso wie die Sephiroth haben auch die Pfade ihre Entsprechungen oder Korrespondenzen in Planeten, Tierkreiszeichen, Farben, Pflanzen, Steinen, Tieren und Tarotkarten.

Wenn Du praktisch mit dem »Baum des Lebens« arbeiten willst, dann musst Du auf den Pfaden des Baumes »reisen«. Hilfsmittel für diese Reisen sind die Entsprechungen.

Der Baum des Lebens ist eine Methode zum Gebrauch des Geistes.

Für jeden Pfad gibt es eine Tür, durch welche man ihn betreten kann. Beachte, dass jede Sephira einen negativen Aspekt oder eine »Qlipha« besitzt, welcher man sich stellen muss. In jeder Sephira lernst Du z.B. ein ganz bestimmtes Problem von Dir kennen, das Du überwinden musst, wenn Du zur nächsten Sephira kommen willst.

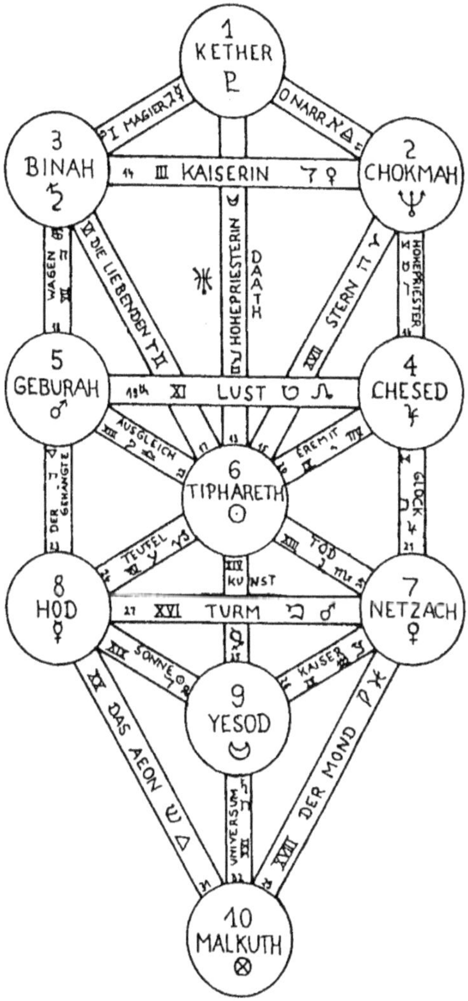

Abb. 1: Der Baum des Lebens

2.3 Grundlegende Rituale

Bevor wir zur Praxis der Rituale kommen, gebe ich erst einmal einen Überblick über die behandelten Rituale und ihre Zusammenhänge.

Die grundlegenden, hier behandelten magischen Rituale sind:

- Mittlere Säule
- Pentagramm-Ritual
- Hexagramm-Ritual
- Wachturm-Ritual
- Rosenkreuz-Ritual

Das Wachturm-Ritual stellt eine der effektivsten traditionellen Methoden dar, einen Raum zum Gebrauch als Tempel vorzubereiten. »Das Ritual der Eröffnung durch die Wachtürme« kurz Wachturm-Ritual wird angewandt, um magische Ritualarbeiten oder auch ruhige Meditatioen vorzubereiten. Es ist das längste und umfangreichste der hier behandelten Rituale - sozusagen das Ziel dieses Buches.

Das Wachturm-Ritual fasst mehrere der oben genannten Rituale in einem sehr wirkungsvollen Ablauf zusammen. Es beinhaltet u.a. die berühmten Pentagramm- und Hexagramm-Rituale, welche schon für sich sehr nützlich sind. Sie werden für Anrufungen und Bannungen der elementaren und der planetaren Reiche verwendet. Mit dem Wachturmritual kann man bis in die Tiefen der Astralreiche vordringen. Insofern ist es das wichtigste und wirksamste der hier behandelten Rituale.

Auf den ersten Blick wirkt dieses Ritual lang und kompliziert. Wenn Du aber langsam praktisch mit diesem Ritual arbeitest, wirst Du bemerken, dass Du es ziemlich schnell lernst. Es kann für die verschiedensten Zwecke abgewandelt werden und so als grundlegendes Hauptritual für alle Gelegenheiten benutzt werden.

Voraussetzung für das Arbeiten mit diesem Ritual sind: Auswendiglernen der Ritualtexte und des Ritualablaufs und praktische Erfahrung mit Ritualen. Wieviel Zeit Du benötigst, um wirksam mit dem Wachturmritual zu arbeiten, hängt von dem Zeitaufwand und der Intensität, mit der Du arbeitest, ab.

Der Name »Wachturm« entstammt dem henochischen System der Magie von Dr. John Dee und Edward Kelly. Bestandteil dieses Systems sind 4 Türme in jeder Himmelsrichtung, die von Elementalen und Engeln bewacht werden.

Diese Türme werden durch die Elementartafeln repräsentiert. Im Tempel müssen die Elementartafeln entsprechend den vier Himmelsrichtungen an den Tempelwänden angebracht werden. Um die Tafeln vollständig verstehen zu können, musst Du sie sehr intensiv studieren.

Hierfür empfehle ich Dir das Buch von M.D. Eschner »Die Henochische Magie nach Dr. John Dee« (2 Bände, KC-Verlag).

Die Anfertigung dieser Tafeln ist recht arbeitsaufwendig, aber lohnend. Willst Du diese Zeit nicht aufbringen, so solltest Du wenigstens die Siegel, die zu den Tafeln gehören, anfertigen und in Deinem Tempel aufhängen.

Wenn Du Dich entschieden hast, die Elementartafeln anzufertigen, schlage ich vor, für die Tafeln eine Kantenlänge von mindestens 1 m zu nehmen und für die Siegel etwa 30 - 50 cm. In jedem Fall musst Du sicherstellen, dass Du von der Mitte des Raumes aus klar und deutlich die Tafeln und Siegel erkennen kannst.

Bei der Erarbeitung der Rituale solltest Du Dir Zeit lassen. Das Wichtigste ist, dass Du vertraut wirst mit den Texten, Bedeutungen und Hinweisen und so den Ablauf verstehst.

Wenn Du so weit gekommen bist, kannst Du das Ritual einige Male probeweise - mit Ablesen des Textes - durchführen. So bekommst Du ein Gefühl dafür.

Diese Probeausführungen werden schon dafür sorgen, dass viel vom Ablauf und Text des Rituales in Deinem Gedächtnis hängen bleibt. Den Rest auswendig zu lernen, sollte Dir dann nicht mehr schwerfallen.

lass Dir Zeit und bereite Dich gründlich vor!

Du lernst das Wachturm-Ritual im folgenden Stück für Stück kennen. Zuerst kommen die einfacheren Rituale. Nachdem diese beherrscht werden, fügst Du sie zu dem Wachturm zusammen. Studiere die Rituale gut. Dein Erfolg hängt davon ab.

Jedes ernsthafte Ritual beginnt mit der Mittleren Säule. Sie gibt Dir die notwendige Intensität, damit Du die gewünschten Wirkungen erzielen kannst.

Danach folgt das Pentagramm-Ritual. Das Pentagramm-Ritual klärt und säubert die Arbeitsatmosphäre. Außerdem legt es fest, dass die ganze Operation unter der Führung Deines Höheren Selbst abläuft. Mit dem Pentagramm-Ritual werden wir unsere rituelle Praxis beginnen.

Das Pentagramm-Ritual enthält alle wesentlichen Elemente eines gut gestalteten Rituals.

Am Beispiel des Pentagramm-Rituales kannst Du sehen, wie die grundlegenden Elemente jedes Rituals zusammenspielen. Wir haben:

- **Handlungen:** das Ziehen der Pentagramme;
- **Imaginationen:** die Vorstellung der Pentagramme;
- **Worte,** welche zu sprechen oder besser zu vibrieren sind, um die entsprechenden Kräfte anzurufen;
- **Namen und Bilder**, durch welche Kräfte erweckt und angerufen werden.

Beachte: Außer den Assoziationen und Bildern, welche Du durch das Ritual erzeugst, benötigst Du unbedingt Intensität. Nur diese Intensität genannte Erregung garantiert, dass das Ritual erfolgreich durchgeführt werden kann. Ein ohne Erregung vollkommen ausgeführtes Ritual wird niemals Erfolg haben. Unabhängig davon, wie klar und genau Deine Visualisierungen, Imaginationen, Bilder, Vorschriften und Gebete von Dir eingehalten worden sein mögen.

2.4 Ausstattung des Tempels und Bekleidung

Am besten ist es, wenn Du Deinen Tempel so ausstattest, wie es in Büchern von z.B. Aleister Crowley oder dem Buch »Golden Dawn«

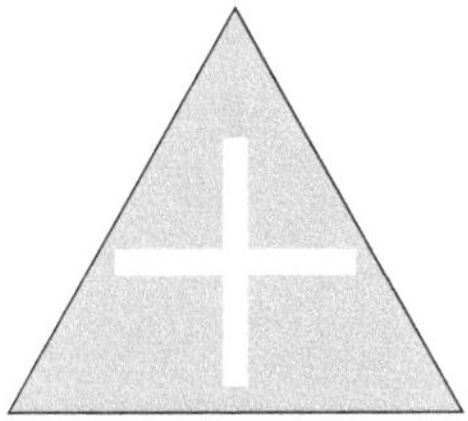

Abb. 2: Dreieck und Kreuz

angegeben ist. Sollte dies nicht möglich sein, so kannst Du folgende Alternativen wählen:

- Als Altar kannst Du jeden kleinen Tisch, welcher mindestens Hüfthöhe hat, nehmen.
- Bedecke ihn mit einem schwarzen Tuch. Die Farbe Schwarz empfehle ich, weil sie neutral ist und dadurch Deine Aufmerksamkeit nicht ablenkt.
- Lege auf diesen Altar die grundlegenden Symbole, das rote Kreuz und das weiße Dreieck.

2.4.1 Anfertigung von Kreuz und Dreieck:

- Nimm ein Stück Papier oder Pappe, schneide ein Kreuz und ein Dreieck aus, wie auf der Zeichnung angegeben, und streiche das Kreuz Rot und das Dreieck Weiß an. Du kannst auch gleich eine entsprechend eingefärbte Pappe nehmen.

In diesem Ritual symbolisiert das Kreuz nicht das Christentum, sondern es repräsentiert Materie. Deshalb sind die Arme des Kreuzes alle gleich lang. Es zeigt so den Ausgleich der Elemente.

- Das Kreuz legst Du über das weiße Dreieck. Das ganze platzierst Du in der Mitte Deines Altares.
- Im Osten, dem das Element Luft zugeordnet ist, legst Du einen kleinen Fächer. Du kannst ihn Dir einfach aus einem Stück Papier kniffen.

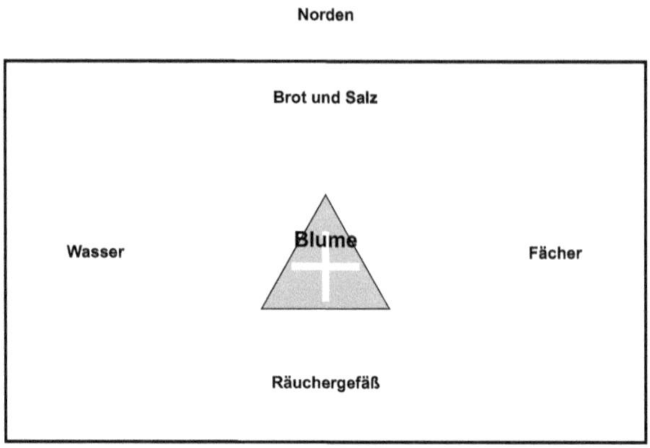

Abb. 3: Der Altar

- Im Süden platziere für das Element Feuer ein Räuchergefäß oder einfach nur ein Räucherstäbchen.
- Im Westen, dem das Element Wasser zugeordnet ist, platziere ein Glas Wasser.
- Im Norden stehen einige Krumen Brot und etwas Salz auf einem Teller, um das Element Erde zu repräsentieren.
- Zum Schluss benötigen wir noch ein Symbol für das Element Geist. Nimm eine frische Blume und platziere sie über dem Dreieck und dem Kreuz im Zentrum Deines Altares.

Damit ist der Tempel im wesentlichen ausgestattet.

Wenn Du Dir eine Robe selbst anfertigen willst, so benötigst Du zwei Bahnen schwarzen Stoffes in der Länge Deines Körpers und der Breite Deines Körpers bei ausgebreiteten Armen. Die Robe sollte möglichst weit sein, damit Du völlige Bewegungsfreiheit hast. Eine Kapuze kannst Du hinzufügen, Sie ist aber nicht unbedingt notwendig.

Roben, Sigille und Lamen sind zu diesem Zeitpunkt nicht unbedingt erforderlich. Ich halte es aber für nützlich, für die Tempelarbeit eine spezielle Kleidung zu verwenden. Auch hier empfehle ich schwarze Kleidung aus den oben genannten Gründen.

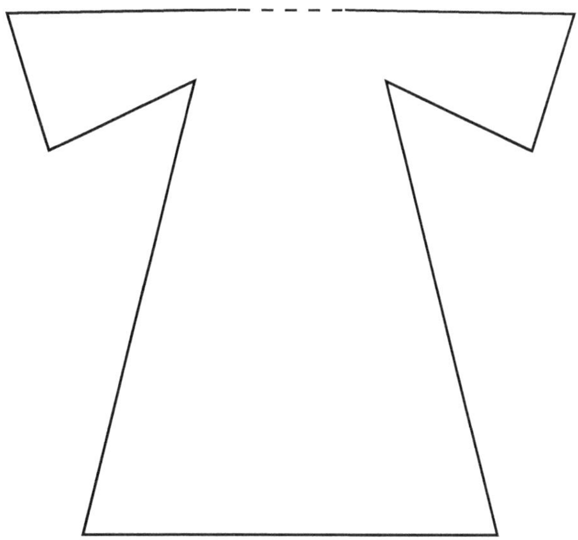

Abb. 4: Schnittmuster einer Tau-Robe

Du solltest Dir auch angewöhnen, vor jeder Tempelarbeit zu duschen oder zu baden. Dabei geht es nicht so sehr darum, dass Du Dich von eventuellem materiellem Schmutz säuberst, sondern hauptsächlich darum, dass Du Dich symbolisch vom Alltag und den Alltagssorgen säuberst.

Säubere Dich symbolisch!

Ein eigener Raum, in dem Du Deine magischen Arbeiten und Rituale durchführen kannst, ist ideal. Falls Du keinen eigenen Raum dafür hast, musst Du aber in jedem Fall sicherstellen, dass Du während Deiner magischen Arbeiten nicht gestört wirst.

2.5 Vorübungen

Jedes magische Ritual besteht aus 3 Komponenten:

- Richtung, Intensität und Aktivität oder

- Imagination, Energie und Wirkung.

Imagination, Erzeugung, Richten und Einsatz von Energien müssen trainiert werden.

Ich empfehle Dir dazu die in der gleichen Reihe erschienenen Bände über »Autogenes Training«. In der Grundstufe lernst Du grundlegende Körperentspannung, welche Voraussetzung für jeden Energiefluss ist. In der Oberstufe lernst Du, wie Du die benötigten Imaginationsfähigkeiten erlangst.

Wenn Du Dir diese Fähigkeiten angeeignet hast, kannst Du mittels des »Rituals der Mittleren Säule« die nötigen Energien mobilisieren.

Kapitel 3

Kleine Rituale und Techniken

Jetzt kannst Du mit Deinen ersten Ritualen beginnen, die ich in diesem Kapitel aufgeführt habe.

3.1 Das Vibrieren der Namen

Die Namen der Kraft bezeichnen die Kräfte und Mächte, die wir in einem Ritual beschwören wollen. Diese Namen werden nicht einfach ausgesprochen, sondern müssen vibriert werden, um die gewünschte Schwingungsebene zu erreichen.

- Zuerst musst Du tief einatmen. Beim Ausatmen wird der Name Buchstabe für Buchstabe langsam vibrierend und hallend ausgesprochen. Richtig machst Du es, wenn sowohl Dein Körper als auch der Ritualraum von dieser Schwingung erfüllt ist bzw. mitvibriert.

Vibrieren heißt: ein Wort Buchstabe für Buchstabe langsam und hallend aussprechen.

- Der Name der Kraft muss nicht laut vibriert werden. Du kannst ihn auch geistig vibrieren.
- Übe das Vibrieren der Gottesnamen so lange, bis Du es einwandfrei beherrschst.

3.2 Beginn und Ende jeden Rituals

Zu Beginn und am Schluss eines jeden Rituals ist es wichtig, ausdrücklich und ausführlich das Weltbild der Magie zu verkünden.

Beginne also jedes Ritual mit dem Ausruf:

Tue was Du willst sei das ganze Gesetz!

Mit diesem Ausruf bestätigst Du Deinen Anspruch, als Magier Deinen Willen zu tun. Weiterhin erklärst Du dadurch, dass Du für die Dauer des Rituals:

- alle anderen Gesetze außer Kraft setzt,
- bzw. alle Gesetze Deinem Willen unterwirfst.

Da Dein Wille kein Gesetz sein kann, verwendest Du das Wort »sei«.

Zum Ende des Rituals verkündest Du:

Liebe ist das Gesetz, Liebe unter Willen!

Damit bestätigst Du:

- dass Du nach Abschluss dieses Rituals das Universum nicht länger Deinem Willen unterwerfen willst,
- dass Du die Einheit des Ganzen wieder anerkennst.

Diese Einheit, **Liebe**, ist das Gesetz des Universums. Sie wird von der Summe seiner Elemente, den vielen individuellen Willen, bestimmt.

Jede magische Handlung, die Du durchführst, bestätigt diese beiden grundlegenden Bekenntnisse.

Verwende die beiden grundlegenden Bekenntnisse bei jedem Ritual.

- Einleitung: Tue was Du willst sei das ganze Gesetz
- Ausklang: Liebe ist das Gesetz, Liebe unter Willen.

Das braucht nur einmal als erste und als letzte Handlung in einem Ritual geschehen. Diese Verfahrensweise - Einleitung und Ausklang - setze ich in den folgenden Ritualen voraus.

3.3 Das Kabbalistische Kreuz

Das Kabbalistische Kreuz benutzen wir als Einstimmung auf die grundlegenden Kräfte unserer magischen Arbeit. Es wird vor jeder magischen Handlung durchgeführt.

Normalerweise führen wir dieses Ritual stehend aus und ziehen das Kreuz mit der Hand. Bei manchen magischen Operationen kann es vorteilhafter sein, das Ritual astral oder imaginativ durchzuführen.

Mit der rechten Hand:

Strecke deine rechte Hand nach Kether aus und ziehe das weiße Licht von Kether herunter, dann

1. Berühre Deine Stirn und vibriere **Ateh**.
2. Berühre Deine Brust und vibriere **Malkuth**.
3. Berühre Deine rechte Schulter und vibriere **va Geburah**.
4. Berühre Deine linke Schulter und vibriere **va Gedulah**.
5. Falte Deine Hände auf der Brust und vibriere **le Olahm, Amen**.

Die Übersetzung:

Du bist, die Welt, die Energie, die Materie, in Ewigkeit, so sei es.

- Während Du diese Formel sprichst, imaginiere, wie das weiße Licht der universellen Energie (Kether) herunterströmt. Es fließt durch Deinen Körper und bildet ein leuchtendes Kreuz, welches jedes Organ und jede Zelle mit Energie auflädt.

Die Namen des kabbalistischen Kreuzes sind hebräisch. Durch das Vibrieren dieser Namen erlangst Du die notwendige Kraft, um die folgenden Rituale oder Meditationen zu zelebrieren.

3.4 Die Annahme von Gottformen

Die Annahme von Gottformen ist eine Richtungstechnik. Jeder Gott verkörpert bestimmte Eigenschaften und Fähigkeiten. Durch Identifikation mit diesem Gott - also Annahme der Gottform - verkörpern wir in uns selbst diese Eigenschaften.

Um die Annahme von Gottformen zu erlernen, gehe wie folgt vor:

1. Mache Dich mit den magischen Bildern der ägyptischen Götter vertraut. Studiere ein entsprechendes Buch oder besuche ein Museum. Dann zeichne sie sorgfältig sowohl direkt vom Modell, als auch aus Deinem Gedächtnis.
2. Begib Dich dann in die typische Haltung dieses Gottes und stelle Dir vor, dass Du genauso aussiehst wie er. Du musst das öfter üben, um das vollständig zu erreichen.

Abb. 5: Das Zeichen des Horus

3. Das Vibrieren der Gottesnamen hilft Dir, die Übereinstimmung zu vertiefen.

   Nach diesen Vorstudien kannst Du die »Annahme der Gottformen« einstudieren:

   a) Stehe aufrecht und lasse deine Arme locker hängen.
   b) Atme tief durch die Nasenlöcher ein. Stelle Dir dabei vor, wie der Namen des gewunschten Gottes durch den Atem in Deinen Körper eindringt. Beim Einatmen hebe deine ausgestreckten Arme. Wenn du vollständig eingeatmet hast, zeigen deine Arme senkrecht nach oben. Halte den Atem an.
   c) lass diesen Namen langsam von den Lungen zum Herzen niedersteigen, zum Solarplexus, zum Nabel, zu den Zeugungsorganen und weiter zu den Füßen.
   d) Wenn Du spürst, wie der Name Deine Füße berührt, schreite ungefähr 30 cm mit dem linken Fuß schnell nach vorn. Beuge dabei Deinen Oberkörper nach vorne und lass die Hände (zur Seite der Augen zurückgezogen) vorschießen. Diese Körperhaltung entspricht der typischen Haltung des Gottes Horus.

      Stelle Dir zur gleichen Zeit vor, wie der Name durch den Körper hochrast und Dein Atem durch Deine Nasenlö-

Abb. 6: Das Zeichen des Hapokrat

cher entweicht. All dies muss mit aller Kraft, der Du fähig bist, getan werden.

e) Dann ziehe den linken Fuß zurück und stampfe mit demselben einmal kräftig auf. Wenn dein linker Fuß wieder den Boden berührt, stehe völlig starr und lege den rechten Zeigefinger auf die Lippen, so dass Du in der charakteristischen Haltung des Gottes Harpokrates bist.

4. Wenn Du die Übung richtig ausführst, fühlst Du Dich danach erschöpft! Du solltest schwitzen und Dich so schwach fühlen, dass Du fast nicht mehr stehen kannst. Wenn diese Körperreaktionen bei Dir auftreten, dann hast Du die Intensität erreicht, die Du für die Rituale benötigst.
5. Außerdem soll der Name des Gottes weiterhin in Dir vibrieren. Er sollte so intensiv vibrieren, dass Du meinst, 10.000 Donnerschläge zugleich zu hören. Es muss so klingen, dass Du glaubst, die Stimme käme aus dem Universum und nicht von Dir selbst.

In Deinem Bewusstsein existiert - während dieser Übungen - nichts anderes als die Gottform und der Name. Je mehr Zeit Du brauchst, um zu Deiner normalen Wahrnehmung zurückzukommen, desto besser war Dein Ritual.

Kapitel 4

Pentagramm-Ritual

In diesem Kapitel lernst Du den Hintergrund und die Durchführung des Pentagramm-Rituals kennen.

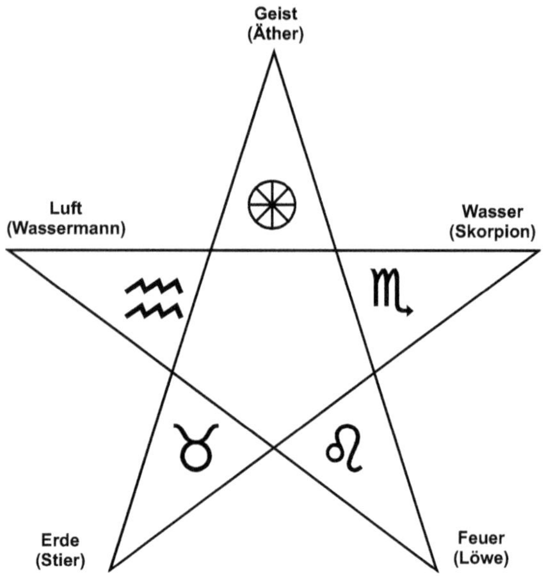

Abb. 7: Das Pentagramm mit der Zuordnung der Elemente und Kardinalzeichen

4.1 Vorübungen

- Das Pentagramm ist als Zeichen der Kraft bekannt. Es wird gebraucht als Zeichen:
- der positiven Kräfte (Einheit, männlich, dynamisch, Lingam) mit der Spitze nach oben genau ausgerichtet;
- der negativen Kräfte (Zweiheit, weiblich, passiv, Yoni) mit der Spitze nach unten.
- **Wichtig**: Das Pentagramm muss an allen Winkeln geschlossen sein. Ein offenes Pentagramm symbolisiert Verwirrung der Kräfte, unharmonische Verfälschung.

Den verschiedenen Punkten des Pentagrammes sind Elemente, Zeichen und bestimmte Worte der Kraft zugeordnet.

4.1.1 Vorübung 1

Diese Vorübung ist für jene eingefügt, die das Autogene Training (AT) oder eine ähnliche Technik noch nicht beherrschen, aber schon mit den ersten Ritual-Übungen beginnen möchten. Wenn Du AT oder eine ähnliche Technik beherrschst, verwende es immer dort, wo der vierfältige Atem angegeben ist.

Der vierfältige Atem:

Vorgehensweise

1. Leere die Lungen und zähle dabei bis 4.
2. Atme vollständig ein, während Du bis 4 zählst.
3. Halte den Atem an, während Du bis 4 zählst.
4. Leere die Lungen vollständig und zähle wieder bis 4.

Variiere die Dauer des bis-4-zählens, bis Du einen Rhythmus gefunden hast, der zu Dir passt. Du merkst das daran, dass er bequem und beruhigend für Dich ist. Dann atme etwa 5-10 Minuten in diesem Rhythmus. Danach beginne mit Deinem Ritual.

4.1.2 Vorübung 2

Stelle Dich mit dem Gesicht nach Osten und zeichne mit dem Zeigefinger Deiner rechten Hand ein ca. 1,50 m hohes Pentagramm in die Luft.

Das Pentagramm muss in der Form perfekt sein und am Anfangspunkt wieder geschlossen werden. Beim bannenden Pentagramm der Erde ziehst Du das Pentagramm von der Erdecke zu Geist, Feuer, Luft, Wasser. Du musst das Ziehen des Pentagrammes so lange üben, bis Du es perfekt beherrschst. Erst, wenn Du damit vertraut bist, kannst Du damit beginnen, das Pentagramm zu beleben (entflammen).

»Entflammtes Pentagramm« bedeutet, Dir die gezogenen Linien als glühend vorzustellen.

Wenn Du dies gründlich geübt hast, wird es zu einer automatischen und unverwechselbaren Handlung für Dich. Das ist sehr wichtig für Dich. Dieses Ritual ist die Grundlage für die Reinigung der Atmosphäre von unerwünschten Einflüssen. Es muss von Dir vollkommen beherrscht werden, bevor Du beginnen kannst, ein wirklich magisches Werk durchzuführen.

Eine gute Hilfe für das Erlernen dieser Übung ist es, wenn Du Dir eine Zeichnung dieses Pentagrammes macht.

Nimm ein Stück Zeichenkarton und male darauf ein ca. 1,50 m hohes Pentagramm in Leuchtfarbe. Hefte es an die Wand und mache davor die Übung. Du beginnst die Übung mit geöffneten Augen. Wenn Du keine Probleme mehr hast, übst Du weiter mit geschlossenen Augenm bis Du das Entflammen des Pentagramms vollständig beherrschst.

4.1.2.1 Anfertigung eines Pentagramms

- Für einen Eindruck vom fertigen Ergebnis siehe Abb. 8.
- Zeichne auf einem Stück Zeichenkarton zwei Kreise mit einem gemeinsamen Zentrum; der eine mit einem Radius von 4 cm, der andere mit einem Radius von 6 cm.
- Zeichne mit feinen Bleistiftstrichen, welche später ausradiert werden können.
- Jetzt teile den äußeren Kreis in 5 gleiche Teile und verbinde jeden dieser Punkte mit dem Mittelpunkt. Beginne die Teilung am obersten Punkt des äußeren Kreises, so dass die obere Spitze des Pentagramms nach oben zeigt.
- Der leichteste Weg, den Kreis in 5 Teile zu teilen ist, indem man mittels eines Winkelmessers 72° abträgt.
- Als nächtes beziffere die 5 Ecken im Uhrzeigersinn von 1-5, die obere Ecke ist Nr. 1.
- Jetzt verbinde die 5 Punkte des äußeren Kreises wie folgt: 1-3-5-2-4-1. Dadurch ist im äußeren Kreis ein fünfzackiger Stern entstanden.
- Indem Du von jeder Ecke zum Mittelpunkt einen Strich ziehst, erhältst Du die Ecken am inneren Kreis, die Du genauso verbindest, wie im äußeren Kreis.

Abb. 8: Doppelkreis mit Pentagrammen

- Du hast jetzt ein doppeltes Pentagramm, welches farbig ausgemalt werden kann. Versuche es für die erste Übung mit Gold oder einer ähnlichen Farbe.
- Zur Zeichnung eines größeren Pentagramms brauchen die 2 Radien nur entsprechend vergrößert zu werden. Das Verhältnis des äußeren zum inneren Pentagramm beträgt für den rituellen Gebrauch immer 2 : 3 (äußerer z.B. 1,50 m, innerer 1 m).

4.1.3 Vorübung 3

- Stelle Dich mit dem Gesicht nach Osten. Imaginiere ca. 2 m vor Dir ein ca. 1,50 m hohes Pentagramm in der Farbe, in der Du es (in der 2. Vorübung) gezeichnet hast. Vollziehe den vierfältigen Atem und lade Dich mit Kraft auf.

- Strecke Deine Hand zur Erdecke über Deinem linken Fuß, nimm den Zeigefinger (wenn vorhanden, Stab oder Dolch) und richte ihn genau auf den Winkelpunkt der Erde. Damit überträgst Du die glühende Energie zu der imaginierten Figur. Jetzt fahre zu der oberen Spitze des Pentagramms und übertrage dabei gleichzeitig die glühende Energie. Es geht dann genauso weiter zur rechten, unteren Ecke (rechter Fuß), linke obere Ecke (linke Schulter), rechte obere Ecke (rechte Schulter) und zurück zum Ausgangspunkt. Damit hast Du das bannende Pentagramm für Erdenergien gezogen.

Das Pentagramm und die Kraftübertragung müssen sicher und genau ausgeführt sein.

Jetzt stich in den Mittelpunkt. Damit ist die Figur vollendet. Du hast das vibrierende, glühende Bild eines astralen Pentagramms.

- Vom Mittelpunkt des Pentagramms gehe mit der ausgestreckten Hand - Kraft auf den imaginierten Kreis übertragen - nach Süden. Vollziehe hier das gleiche Ritual. Dann genauso im Westen und Norden, um den Kreis schließlich im Osten zu schließen. Du hast dann in jeder Himmelsrichtung ein glühendes Pentagramm, so dass der Raum von allen unerwünschten Einflüssen gesäubert und geschützt ist.

Mit der Durchführung dieses Rituals musst Du völlig vertraut sein.

Bedenke: Für den Magier heißt Imaginieren Sehen! Genauso sehen, als stünde das Imaginierte vor Dir. Imaginieren heißt erschaffen. Alles Erschaffene kann gesehen werden.

4.2 Durchführung des kleinen Pentagramm-Rituals

4.2.1 Das bannende Ritual

Ablauf:

1. Stelle Dich in Richtung Osten und vollziehe den vierfältigen Atem.
2. Führe das »Kabbalistische Kreuz« aus.
3. Wende Dich nach Osten und ziehe mit dem entsprechenden Werkzeug, gewöhnlich Dolch oder Stab (evtl. einfach der Zeigefinger), das bannende Pentagramm der Erde (von Erde zu Geist, Feuer etc.). Vibriere dabei **Yehova**. Setze das Werkzeug ins Zentrum und
4. Wende Dich gen Süden. Ziehe das bannende Pentagramm der Erde und vibriere dabei **Adonai**.
5. Wende Dich gen Westen. Ziehe das Pentagramm, vibriere **Ehieh**.
6. Wende Dich gen Norden. Ziehe das Pentagramm, vibriere **Agla**.
7. Wende Dich gen Osten. Vervollständige den Kreis, indem Du das Werkzeug in das Zentrum des ersten Pentagramms zurückbringst. Dann breite die Arme in Kreuzform aus und sage:
8. *Vor mir Raphael.*
9. *Hinter mir Gabriel.*
10. *Zu meiner rechten Michael.*
11. *Zu meiner linken Auriel.*
12. *Denn um mich flammt das Pentagramm*
13. *und in der Säule steht der sechsstrahlige Stern.*
14. Wiederhole das Kabbalistische Kreuz

4.2.2 Das anrufende Ritual

Das anrufende kleine Pentagramm-Ritual geht genauso wie das bannende, nur die Strichrichtung des Pentagrammes ändert sich: Von Geist zu Erde, Wasser, Luft, Feuer, Geist. Beim bannenden Pentagramm-Ritual werden die Energien von der Erde zum Geist geleitet, beim anrufenden vom Geist zur Erde.

4.3 Allgemeines zum Pentagramm-Ritual

Dieses Ritual beseitigt alle unerwünschten Einflüsse, wenn Deine visuelle Vorstellung der Pentagramme korrekt und vollständig ist. Durch die Imagination der Pentagramme (Kreis der Pentagramme) wird um Dich herum eine Barriere aus Astralenergie aufgebaut; zusätzlich werden Astralbilder der Engelsfiguren in ihren verschiedenen Formen aufgebaut, wenn Du die Engelsnamen vibrierst.

1. Raphael im Osten ist eine riesige Engelsfigur in konventionellem Stil, mit einer Robe aus schimmerndem Licht in leuchtend gelber und hellvioletter Färbung, die blitzt und schwingt. Die Figur muss licht und luftig sein, getragen von einer sanften Brise von hinten.
2. Gabriel im Westen ist in Blau mit kontrastierendem Orange gefärbt. Er hält einen Kelch mit Wasser nach oben und steht in einem Strom aus klarem, fließendem Wasser, welches von einem Wasserfall hinter ihm kommt.
3. Im Süden Michael, bei dem die vorherrschende Farbe ein flammendes Rot ist, unterbrochen von lebhaftem, smaragdgrünem Blitzen. In der Hand hält er ein stählernes Schwert, dessen Spitze nach oben gerichtet ist. Flammenzungen lecken auf der Erde zu seinen Füßen und eine intensive Hitze wird gefühlt.
4. Im Norden Auriel hat eine Mischung aus Zitron, Braunrot und Schwarz. Er steht auf einem sehr fruchtbaren Boden. Gras und Weizen wachsen über seine Füße. In seinen ausgestreckten Händen hält er Korngarben.

Schließlich fühlst Du das Pentagramm auf Deiner Brust und das Hexagramm auf Deinem Rücken. Bei letzterem ist das aufsteigende Dreieck Rot, das absteigende Blau.

Die an die christliche und hebräische Mythologie erinnernden Namen haben keinen weltanschaulichen Charakter. Sie bezeichnen in der magischen Tradition einfach bestimmte Kräfte.

4.4 Der Gebrauch des Pentagramm-Rituals

4.4.1 Als eine Form der Meditation

Als eine Form der Meditation sollte das anrufende Pentagramm-Ritual morgens und das bannende abends gebraucht werden. Die Namen sollten innerlich vibriert werden. Fühle sie so stark wie möglich im Atem vibrierend. Dein ganzer Körper muss mit dem Klang dröhnen - so als ob eine Welle von Schwingungen zu den 4 Himmelsrichtungen geht.

4.4.2 Als ein Schutz gegen unreinen Magnetismus

Das bannende Ritual kann gebraucht werden, um sich von Besessenheit oder störenden Gedanken zu befreien. Wähle ein geistiges Bild der Besessenheit und stelle es Dir bildlich vor. Projiziere es außerhalb Deiner Aura mit dem Zeichen des Horus. Wenn es über zwei Meter entfernt ist, verhindere seine Rückkehr mit dem Zeichen der Stille.

Definition: Zeichen der Stille = Annahme der Gottform des Harpokrates!

Jetzt stelle Dir die Form im Osten vor und führe das bannende Pentagramm-Ritual aus, um es zu zerstören. Sieh in Deinem geistigen Auge, wie es an der Außenseite Deines Flammenringes aufgelöst wird.

4.4.3 Als eine Übung in Konzentration

Begib Dich in Deine Meditationsstellung. Stelle Dir vor, wie Du selbst aufrecht mit Robe und Dolch ausgestattet in Deinem Tempel stehst. Projiziere Dein Bewusstsein in dieses Bild und gehe nach Osten. Fühle Dich selbst dort, indem Du die Wand berührst. Öffne die Augen, stampfe auf den Boden etc.

- Beginne mit dem Ritual und drehe Dich im Raum. Vibriere geistig die Gottes- und Engelsnamen. Fühle, wie sie aus Deinem geistigen Bild entstehen.
- Beende das Ritual im Osten und betrachte die Resultate im Astrallicht. Dann gehe zurück, stelle Dich hinter den Kopf Deines Körpers und kehre in diesen zurück.

4.5 Pentagramme - Symbole und Wirkungen

Das Pentagramm ist ein sehr mächtiges Symbol. Es stellt die Wirkung der Urkraft und der vier Elemente unter der Herrschaft der Buchstaben des Namens YEHESHUA dar. Die Elemente selbst werden durch IHVH beherrscht und der Buchstabe Shin repräsentiert den Ruach Elohim, den göttlichen Geist. Wird dieser Buchstabe in die Mitte eingefügt, so entsteht der Name IHShVH, YEHESHUA.

Von jeder Spitze des Pentagrammes erstrahlt ein flammender Blitz der Ausstrahlung der Urenergie. Deshalb wird es zur Bestätigung der Energie, die darin gefunden wird, das »flammende Pentragramm« genannt. Als Symbol des Geistigen, der Herrschaft des Geistes, wird der einzelne Punkt nach oben gestellt. Zeigen 2 Punkte nach oben, so bestätigt es die Herrschaft der Materie über den Geist. Das hat nichts mit gut oder böse zu tun. Materie und Geist sind lediglich zwei verschiedene Sichtweisen der gleichen Sache.

Willst Du mit einem Geist niederer Natur verkehren und ihn festhalten, ohne ihn zu quälen, so musst Du das umgekehrte Pentagramm verwenden. In diesem Fall wird die Spitze des magischen

Schwertes auf den einzelnen unteren Punkt des Pentagramms gehalten, bis es dem Geist erlaubt wird zu gehen. Bedenke, dass Du kein Recht hast, solch einen Geist zu verletzen oder ihn lächerlich zu machen.

Wenn Du das Pentagramm als Symbol anfertigst, welches Du bei Dir tragen willst, so zeichne es in den entsprechenden Farben auf einen schwarzen Grund.

Außer dem Zeichen des Pentagramms befinden sich darauf die Zeichen für Löwe, Adler (Skorpion), Stier und Mensch (Wassermann), jedes an der ihm zugeordneten Spitze. Die Kraft, welche Du mit dem Pentagramm anrufst bzw. bannst, hängt immer davon ab, an welcher Spitze Du beginnst und in welche Richtung Du es ziehst.

- Der Kreis oder das Rad entspricht dem alles durchdringenden Geist.
- Der arbeitsame Ochse (Stier) ist das Symbol der Erde.
- Der Löwe ist die verzehrende Kraft des Feuers.
- Der Adler ist das wie mit Flügeln aufsteigende Wasser, wenn es durch Hitze verdampft wird.
- Der Mensch ist die Luft, subtil und gedankenvoll die verborgenen Dinge durchdringend.

Die Zuordnung der Symbole zu den Elementen:

- Der Luft ist ein wässeriges Symbol zugeordnet, weil sie Regen und Feuchtigkeit enthält ♒.
- Feuer hat die Form der Löwenschlange ♌.
- Wasser hat den alchemistischen Adler der Destillation oder das Zeichen Skorpion ♏.
- Erde hat den arbeitsamen Stier ♉.
- Der Geist hat das Rad mit den 8 Speichen, das Eine, welches in allen Dingen wirkt.

Luft und Wasser haben viel gemeinsam. Und weil eins das andere enthält, wurden ihre Symbole oft miteinander ausgetauscht. Der Adler wurde der Luft und Aquarius dem Wasser zugeordnet. Dies ist auch der Grund dafür, dass das anrufende Pentagramm des einen Elementes das bannende des anderen ist.

Obgleich die Elemente den 4 Himmelsrichtungen zugeordnet sind, haben sie dort keinen festen Ort, sondern sie schwingen zwischen den Himmelsrichtungen.

Diese Zuordnung wird von der Natur der Winde abgeleitet.

- Der östliche Wind ist spezieller von der Art der Luft.
- Der südliche Wind bringt meist Hitze.
- Der westliche Wind bringt Feuchtigkeit und Regen.
- Der nördliche Wind Kälte und Trockenheit, was ihn der Erde ähnlich macht.
- Der Süd-West-Wind ist gewaltsam und explosiv, die Vermischung der entgegengesetzten Elemente Feuer und Wasser.
- Die Nord-West und Süd-West-Winde sind harmonischer, sie vereinigen den Einfluss der zwei aktiven und passiven Elemente.

Die zodiakale Zuordnung ist eine andere:

- Feuer 🜂 im Osten,
- Erde 🜃 im Süden,
- Luft 🜁 im Westen und
- Wasser 🜄 im Norden.

- Luft schwingt daher zwischen Westen und Osten,
- Feuer zwischen Osten und Süden,
- Wasser zwischen Norden und Westen,
- Erde zwischen Süden und Norden.
- Geist schwingt zwischen Höhe und Tiefe.

Wenn Du anrufst, ist es besser, dass Du Dich nach der Position der Winde richtest. Die Erde, die sich immer um ihre Pole dreht, ist nämlich ständig ihrem Einfluss unterworfen.

Zugrichtung der Pentagramme

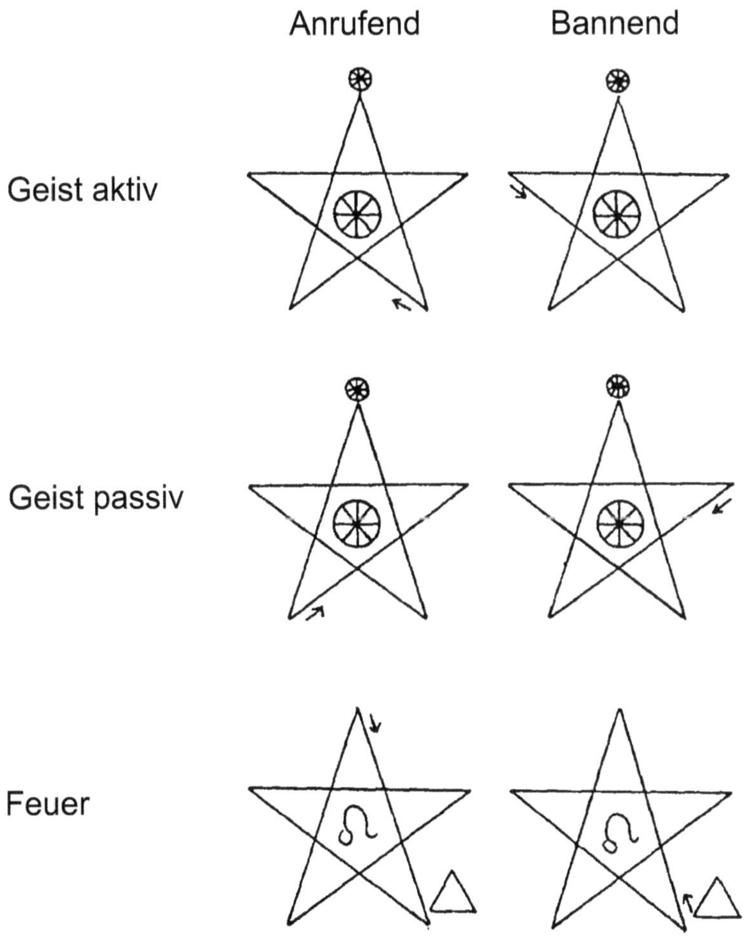

Abb. 9: Zugrichtungen Geist (aktiv/passiv) und Feuer

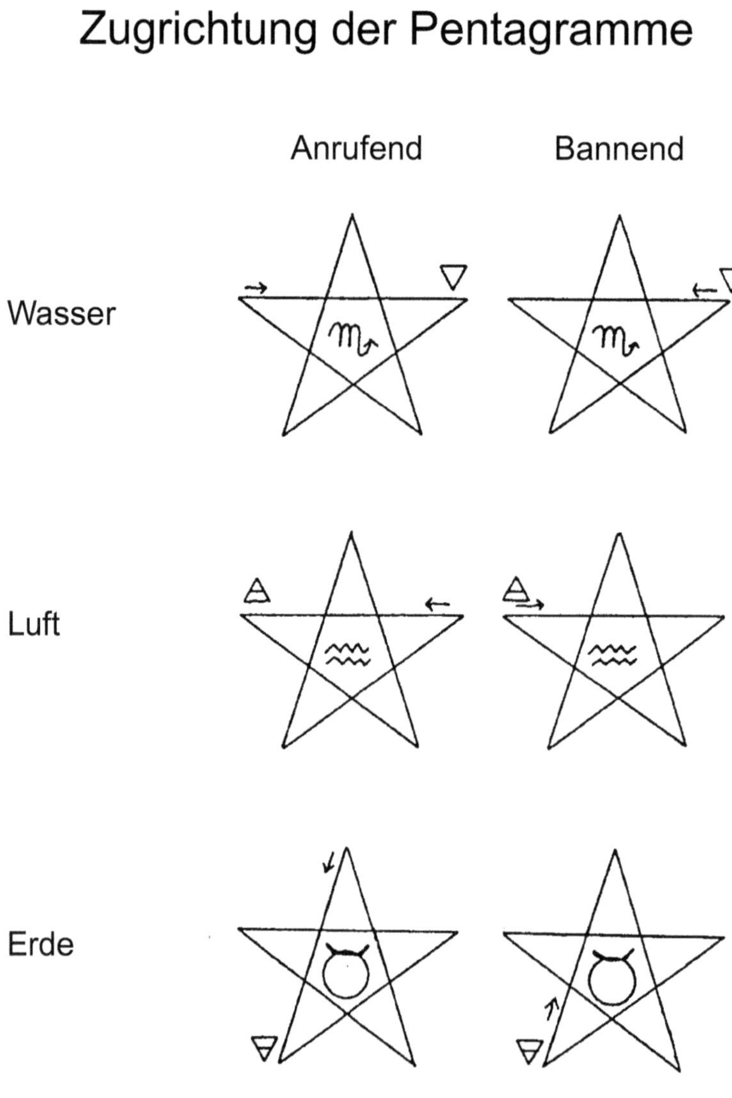

Abb. 10: Zugrichtungen Wasser, Luft und Erde

Wenn Du Dich aber erhebst, wenn Du in der Geistvision zum Wohnort der Kräfte gehst, ist es besser, wenn Du die zodiakale Anordnung benutzt.

Die Ströme, welche von Feuer zu Luft und von Erde zu Wasser fließen, sind die des Geistes. Der Geist ist der Mittler zwischen den aktiven und passiven Elementen. Diese zwei Geist-Pentagramme gehen jeder Anrufung voraus und schließen sie. Sie wirken ausgleichend und stellen die Harmonie ihres Einflusses wieder her. Um eine Anrufung zu beenden, werden die Ströme zum Bannen von Luft zu Feuer bzw. von Wasser zu Erde geführt.

- Bei den anrufenden und bannenden Pentagrammen des Geistes wird im Zentrum das Siegel des Rades gezeichnet.
- Bei dem anrufenden Pentagramm der Erde wird die Energie vom Geist zur Erde heruntergezogen.
- Beim bannenden Pentagramm wird die Energie von der Erde zum Geist zurückgeführt.
- Das Zeichen des Stiers wird in das Zentrum gezeichnet.

Diese beiden Pentagramme werden im kleinen Pentagramm-Ritual (ohne das Zeichen in der Mitte) zum Anrufen oder Bannen benutzt.

Das bannende Pentagramm der Erde dient auch als Schutz, wenn Du es zwischen Dir und einer feindlichen astralen Kraft in die Luft zeichnest.

In allen Fällen müssen die Winkel des Pentagramms sorgfältig geschlossen werden, insbesondere der Anfangs- und der Endpunkt.

Das anrufende Pentagramm

- der Luft beginnt bei der Wasserspitze und
- das des Wassers bei der Luftspitze,
- die von Feuer und Erde an der Geistspitze.

Das kerubische Zeichen des Elementes wird jedesmal ins Zentrum gezeichnet.

Bei den bannenden Pentagrammen werden die Ströme umgekehrt. Aber beachte immer, dass der Kreis um Deinen Arbeitsplatz geschlossen ist, denn dies ist der Schlüssel zur Wirksamkeit Deiner Rituale.

Definition: Kerubisches Zeichen = das Tierkreiszeichen, welches dem Element zugeordnet wird.

Um die Pentagramme darf kein Kreis gezogen werden, außer Du willst die Kraft des Pentagrammes einschränken oder begrenzen. Wenn Du z.B. die Kraft auf ein Symbol oder einen Talisman konzentrieren und darin sammeln willst, musst Du einen Kreis um das Pentagramm ziehen.

- Anrufen: zu dem Punkt, dem das Element zugeordnet ist.
- Bannen: von dem Punkt, dem das Element zugeordnet ist.
- Den Kreis um den Arbeitsplatz immer vervollständigen.

Wenn Du ein Pentagramm zeichnest, gib immer das Zeichen des entsprechenden Elementes.

Feuer
Hebe Deine Arme seitwärts an und bilde mit den Händen ein Dreieck vor Deiner Stirn. Die Handinnenflächen zeigen nach vorn.

Abb. 11: Das Zeichen des Feuers oder der Salamander

Wasser

Bilde mit Deinen Händen ein Dreieck vor Deinem Bauchnabel. Die Handinnenflächen zeigen in Richtung Deines Bauches.

Abb. 12: Das Zeichen des Wassers oder der Undinen

Luft

Hebe Deine Arme seitwärts an und winkle Unterarme und Hände je um 90° ab. Die Handinnenflächen zeigen nach oben.

Abb. 13: Das Zeichen der Luft oder der Sylphen

Erde

Mache einen Ausfallschritt, rechtes Bein vorn. Hebe Deinen rechten Arm nach vorn oben und strecke Deinen linken Arm nach hinten unten aus. Die Handinnenfläche der rechten Hand zeigt nach unten, die der linken Hand nach oben.

Abb. 14: Das Zeichen der Erde oder der Gnomen

- Für Geist das Zeichen des Schleiers.
- Für Erde das Zeichen der Gnomen.
- Für Luft das der Sylphen.
- Für Wasser das der Undinen.
- Für Feuer das der Salamander.

Durch das Zeichen des Schleiers wird symbolisch der Schleier vor dem Heiligsten geöffnet oder geschlossen.

Wenn Du das Pentagramm gebrauchst, um zodiakale Kräfte anzurufen oder zu bannen, musst Du das Pentagramm des Elementes ziehen, welches dem Zeichen entspricht. Das Zeichen wird - wie üblich - in das Zentrum gezeichnet.

Alle Siegel und Symbole beginne an der linken Seite und zeichne sie in Richtung des Sonnenlaufs.

Wenn Du zodiakale Kräfte anrufst, musst Du ein astrologisches Diagramm des Himmels für die Zeit Deiner Arbeit anfertigen. Das

Anrufen oder Bannen zodiakaler Kräfte (Beispiele)

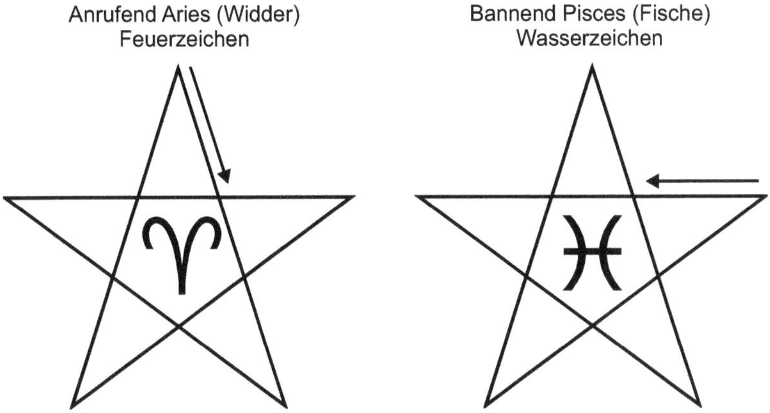

Abb. 15: Beispiele für Anrufung und Bannung zodiakaler Kräfte

Diagramm informiert Dich über die Richtung, in welche Du während des Rituals schauen musst.

Beachte: Ein Zodiakal-Zeichen kann während einer Tageszeit im Osten und während einer anderen im Westen sein.

Reinige und weihe vor jeder magischen Arbeit Deinen Arbeitsplatz durch das kleine bannende Pentagramm-Ritual.

In manchen Fällen, speziell wenn Du mit den Kräften der Planeten arbeitest, kann es ratsam sein, auch das kleine bannende Hexagramm-Ritual durchzuführen.

Damit Du Dich möglichst vollständig auf die angerufene Schwingung einstellen kannst, ist

- jedem Winkel eine Kraft,
- eine Strömungsrichtung,
- eine Farbe und
- ein Klang zugeordnet,

welche gemeinsam das Symbol bilden. Die zugeordneten hebräischen Namen und die Namen der henochischen Tafeln werden zusammen mit dem Ziehen des Pentagramms vibriert. Die Zuordnung der Winkel des Pentagramms sind der Schlüssel zu Deinem Ritual.

Benutze die hebräischen Namen während der normalen Anrufung, ohne den Gebrauch der Tafeln der Elemente. Z.B. vibrierst Du den göttlichen Namen

- AL mit dem Pentagramm des Wassers,
- ELOHIM mit Feuer usw.

Aber wenn Du mit den elementaren oder henochischen Tafeln arbeitest, gebrauche die von diesen Tafeln in der Sprache der Engel abgeleiteten göttlichen Namen, z.B.

- für Erde Emor Dial Hectega usw. und
- für Geist die 4 Worte Exarp im Osten, Hcoma im Westen usw.

Bei der Aussprache dieser Namen atme tief ein und vibriere sie innerlich so stark wie möglich mit dem ausströmenden Atem, während Du sie etwa so aussprichst: A-a-a-el-ll oder E-mo-rr Di-a-ll Hec-te-e-g-ah. Dies muss nicht notwendigerweise äußerlich laut sein. Es muss nur innerlich stark vibrieren. Zur Verstärkung kannst Du auch noch die Buchstaben oder Siegel dieser Namen in die Luft zeichnen.

Vibriere so stark wie möglich und unterstütze durch Buchstaben oder Siegel!

Um die Kräfte der 4 Elemente aus den 4 Himmelsrichtungen zusammen anzurufen, beginne im Osten und zeichne das ausgleichende Pentagramm des Aktiven und das anrufende Pentagramm der Luft mit der Vibration der entsprechenden Namen. Dann ziehe mit der Spitze Deines Stabes den Kreis von Ost nach Süd. Ziehe dort das ausgleichende Pentagramm des Aktiven und das anrufende Pentagramm des Feuers mit den entsprechenden Namen. Dann ziehe im Westen das ausgleichende Pentagramm des Passiven und das anrufende Pentagramm für Wasser. Im Norden ziehe das ausgleichende Pentagramm des Passiven und das anrufende Pentagramm der Erde und vervollständige den Kreis im Osten.

Bannen geschieht in der gleichen Art. Nur musst Du statt der anrufenden die bannenden Pentagramme ziehen. Du musst immer alle angerufenen Kräfte wieder bannen, außer Du wünschst eine Kraft für eine gewisse Zeit zurückzuhalten z.B. in einem Talisman. Dann darfst Du nicht bannen, denn sonst würdest Du ihn entladen.

Alle Anrufungen sollen mit dem Kabbalistischen Kreuz eröffnet und beendet werden. In speziellen Fällen können auch andere Namen als die der Engel und Geister verwendet werden.

Wenn Du nur mit einem Element arbeitest, sollst Du das ausgleichende Pentagramm des Geistes (für Feuer oder Luft das Aktive, sonst das Passive) und die anrufenden Pentagramme des Elementes ziehen, nicht aber die anderen. Ist es z.B. das passive Element im Norden, so ziehst Du nur das ausgleichende Pentagramm des Passiven und das anrufende Pentagramm der Erde in die 4 Himmelsrichtungen. Das Bannen folgt dem gleichen Gesetz. Du verwendest dabei auch nur die zu diesen Pentagrammen gehörigen Namen.

4.6 Das große Pentagramm-Ritual

Regel:

- Bei Anrufungen wird der Schleier geöffnet!
- Bei Bannungen wird der Schleier geschlossen!

Ablauf:

- Blicke nach Osten.
- Mache das Kabbalistische Kreuz.
- Mache das ausgleichende aktive Pentagramm des Geistes.
- Vibriere Exarp, während Du das Pentagramm zeichnest.
- Vibriere Ehieh, während Du das Rad zeichnest.
- Beende mit dem Zeichen des Schleiers.
- Mache das anrufende Pentagramm der Luft.
- Vibriere Oro Ibah Aozpi, während Du das Pentagramm zeichnest.

- Vibriere YHVH, während Du das Wassermannzeichen zeichnest.
- Beende mit dem Zeichen der Sylphen.

- Wende Dich nach Süden.
- Mache das ausgleichende aktive Pentagramm des Geistes.
- Vibriere Bitom, während Du das Pentagramm zeichnest.
- Vibriere Ehieh, während Du das Rad zeichnest.
- Beende mit dem Zeichen des Schleiers.

- Mache das anrufende Pentagramm des Feuers.
- Vibriere Oip Teaa Pedoce, während Du das Pentagramm zeichnest.
- Vibriere Elohim, während Du den Löwen zeichnest.
- Beende mit dem Zeichen der Salamander.

- Wende Dich nach Westen.
- Mache das ausgleichende passive Pentagramm des Geistes.
- Vibriere Hcoma, während Du das Pentagramm zeichnest.
- Vibriere Agla, während Du das Rad zeichnest.
- Mache das Zeichen des Schleiers.

- Mache das anrufende Pentagramm des Wassers.
- Vibriere Empeh Arsel Gaiol, während Du das Pentagramm zeichnest.
- Vibriere AL, während Du den Kopf des Adlers zeichnest.
- Mache das Zeichen der Undinen.

- Wende Dich nach Norden.
- Mache das ausgleichende passive Pentagramm des Geistes.
- Vibriere Nanta, während Du das Pentagramm zeichnest.
- Vibriere Agla, während Du das Rad zeichnest.
- Mache das Zeichen des Schleiers.

- Mache das anrufende Pentagramm der Erde.
- Vibriere Emor Dial Hectega, während Du das Pentagramm zeichnest.
- Vibriere Adonai, während Du den Stier zeichnest.
- Mache das Zeichen der Gnomen.
- Beende, wieder nach Osten blickend, mit dem Kabbalistischen Kreuz.

Wenn Du nicht mit den henochischen Tafeln arbeitest, lässt Du die Henochischen Namen weg und vibrierst beim Ziehen des Pentagramms die Hebräischen Namen.

4.6.1 Das Öffnen des Schleiers

Imaginiere, vor einem verschlossenen Vorhang zu stehen. Hebe Deine Arme an, strecke die Hände mit den Handflächen nach außen aus und teile den Vorhang in der Mitte, indem Du ihn wie einen Schleier teilst und mit deinen Händen nach außen schiebst.

Abb. 16: Das Öffnen des Schleiers

4.6.2 Das Schließen des Schleiers

Imaginiere, vor einem geöffneten Vorhang zu stehen. Hebe Deine Arme an, strecke die Hände mit den Handflächen nach innen aus und schließe den Vorhang, indem Du ihn mit Deinen Händen zusammenschiebst.

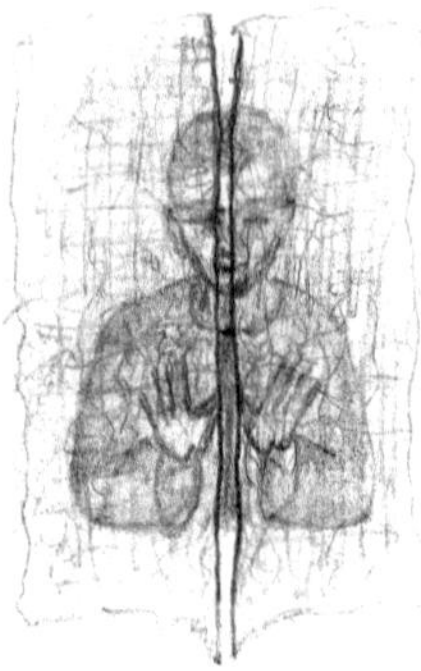

Abb. 17: Das Schließen des Schleiers

Kapitel 5

Das Ritual der Mittleren Säule

Im folgenden Kapitel lernst Du die Methode kennen und anwenden, die Dir die Energie gibt, um Rituale richtig durchführen zu können.

5.1 Aufbau und Einübung

In der Aura, welche unseren physikalischen Körper umhüllt und durchdringt, haben wir ein Abbild des Baumes des Lebens aufzubauen. Die Säule der Stärke ist an unserer Rechten, die Säule der Gnade an unserer Linken und die Mittlere Säule etwa anstelle des Rückgrats.

In der nachfolgenden Übung ist der Aufbau des Baumes des Lebens in der Aura genau beschrieben. Durch diese Übung wird Deine Aura wesentlich verstärkt, kräftiger und strahlender. Damit kannst Du auch von Wesenheiten anderer Ebenen leichter wahrgenommen werden.

Bei allen Übungen, in denen Du mit der Aura arbeitest, ist es wichtig, vorher mindestens das kleine bannende Pentagramm-Ritual durchzuführen.

5.1.1 Erster Teil

1. Sieh nach Westen - Du selbst bist im Osten das aufgehende Licht.
2. Mache das Kabbalistische Kreuz.
3. Die schwarze Säule der Stärke steht zu Deiner Rechten, die weiße Säule der Gnade zu Deiner Linken.
4. Stelle Dir Deinen Körper als den Baum des Lebens vor. Kether schwebt leicht über Deinem Kopf, die Füße stehen auf Malkuth, Binah ist zu Deiner Rechten, Chokmah zur Linken. Du bist in dem Baum und Teil des Baumes.
5. Kether schwebt über der Spitze Deines Kopfes, ca. 1/2 m im Durchmesser, als eine wirbelnde Kugel aus weißem, glänzendem und sehr intensiv strahlendem Licht. Du kannst diese Kugel ganz konkret fühlen, sie ist tatsächlich da.
6. Atme tief ein und imaginiere einen Strahl weißen Lichtes, welcher aus Kether herauskommt und durch den Kopf zu Daath - im Nacken - führt. Daath dehnt sich aus zu einer leuchtenden, schillernden, kreisrunden Kugel.

7. Führe von Daath einen Strahl nach Tiphareth - in die Gegend des Solarplexus - wie unter 6 beschrieben.
8. Führe den Strahl von Tiphareth nach Yesod - am untersten Ende des Rückgrats - wie unter 6 beschrieben.
9. Führe den Strahl von Yesod nach Malkuth - unter den Füßen. Du stehst darauf, wie unter 6 beschrieben.
10. Zum Abschluss mache das Kabbalistische Kreuz, um zu bestätigen, dass das Licht von Kether herabgerufen und sich in Deiner Aura platziert hat.
11. Dann sieh Deine Aura klar und von ovaler Form in dem Licht von Tiphareth strahlen, leuchten und pulsieren.
12. Diese Übung muss solange durchgeführt werden, bis Du sie vollkommen beherrschst, d.h. bis Du die Sphären und Strahlen genau und intensiv siehst und fühlst.

5.1.2 Zweiter Teil

1. Gehe vor wie im ersten Teil, wobei Du, wenn der verbindende Lichtstrahl die sephirotische Sphäre erreicht, die entsprechenden Gottesnamen vibrierst.
2. Die Namen sind:
    - Kether: EHIEH
    - Daath: YEHOVA ELOHIM
    - Tiphareth: YEHOVA ELOAH VA-DAAT
    - Yesod: SHADDAI EL CHAI
    - Malkuth: ADONAI MELEKH
3. Das Vibrieren der Gottesnamen - anstelle des Sprechens - verstärkt die Kraft der Übung wesentlich.

5.1.3 Dritter Teil

1. Imaginiere die Sephiroth und die Pfade farbig. Der Baum des Lebens kann in 4 Farbskalen gemalt werden. Jede Farbskala

entspricht einem Element. Wir unterscheiden - wie beim Tarot: Königsskala = Feuer, Königinskala = Wasser usw.

2. Die Farben der Sephiroth erscheinen in der Farbe der Königin-Skala, die Farben der Pfade in der Königs-Skala, also:
   - Kether: leuchtend weiß
   - Daath: graues weiß
   - Tiphareth: gelb (gold)
   - Yesod: violett
   - Malkuth: zitron, oliv, braunrot, schwarz
   - Pfad 13: blau
   - Pfad 25: blau
   - Pfad 32: indigo
3. Nun stelle Dir die Mittlere Säule farbig vor. Du musst ein klares, farbiges Bild vor Augen haben. Baue dieses Bild Schritt für Schritt auf. Zuerst Kether, dann den Pfad 13, dann beide zusammen usw. Erst, wenn Du das beherrschst, gehe weiter.
4. Führe Übung 1. durch, aber stelle Dir die Sephiroth farbig vor.
5. Wenn Du das beherrschst, stelle Dir auch die Strahlen (Pfade) farbig vor.
6. Übe das so lange, bis Du es völlig beherrschst.

5.1.4 Vierter Teil

1. Jetzt führe die Übung vollständig mit Gottesnamen und Farben durch.
2. Übe das, bis es ein völlig klarer und automatischer Vorgang für Dich wird.

5.1.5 Fünfter Teil

Wenn Du in der Übung der Mittleren Säule perfekt bist, kannst Du die anderen Sephiroth und Pfade dazu nehmen. Achte immer darauf, dass Du stufenweise aufbaust. Dadurch erleichterst Du Dir die Arbeit.

Die Namen und Farben der Sephiroth und Pfade im Ritual der Mittleren Säule	
Kether	strahlendes Weiß
Daath	graues Weiß
Tiphareth	Gold (Gelb)
Yesod	Violett
Malkuth	Zitron, Oliv, Braunrot, Schwarz
Hohepriesterin	Blau
Kunst	Blau
Universum	Indigo
Säule der Stärke (rechts)	Schwarz
Säule der Gnade (links)	Weiß

5.2 Erweiterungen des Rituals

Die folgenden Übungen werden die Wirkung der Mittleren Säule noch verstärken.

5.2.1 Das Zirkulieren der Energien

Die Kräfte, die normalerweise durch das Zentrum der Säule strömen, dient der Regulation Deiner Aura. Sind diese Kräfte unausgeglichen, so kann sich das in Nervosität äußern - die Energien sind nicht gleichmäßig verteilt.

Die folgenden Übungen werden die Energien Deines Körpers gleichmäßig verteilen!

5.2.1.1 Zirkulation der Energien Teil 1

1. Mache die Säule, wie bisher beschrieben. Wenn Du die Sephiroth alle imaginiert hast, mache folgendes:
2. Führe die Mittlere Säule wie bisher durch. Imaginiere jetzt die Sephiroth, aber als sich drehende Kugeln.

5.2.1.2 Zirkulation der Energien Teil 2

1. Mache die Säule, wie bisher beschrieben. Wenn Du die Sephiroth alle drehend imaginiert hast, mache folgendes:
2. Atme langsam und gleichmäßig tief ein.
3. Imaginiere dabei, wie Du einen glühend weißen Kraftstrom von Kether an Deiner linken Seite zur linken Schulter bis zu Deiner linken Fußsohle und dann zur rechten Fußsohle ziehst.
4. Atme langsam und gleichmäßig aus.
5. Imaginiere dabei, wie der glühend weiße Kraftstrom an Deiner rechten Seite von der rechten Fußsohle über die rechte Schulter wieder über Kether zurückfließt.
6. Wiederhole dies wenigstens 6 x pro Übung.

5.2.1.3 Zirkulation der Energien Teil 3

1. Wenn Du die Übung 5.2.1.2. vollständig beherrschst, beginne mit der folgenden:
2. Atme langsam und gleichmäßig tief ein.
3. Imaginiere beim Einatmen, wie ein glühend weißer Strahl an Deiner vorderen Körperseite von Kether aus hinunter zu Malkuth fließt.
4. Atme langsam und gleichmäßig aus.
5. Imaginiere dabei, wie der glühend weiße Strahl an Deiner hinteren Körperseite von Malkuth wieder hoch zu Kether fließt.
6. Wiederhole dies 6 x pro Übung.

5.2.1.4 Zirkulation der Energien Teil 4

1. Wenn Du die Übungen 5.2.1.2. und 5.2.1.3. vollständig beherrschst, mache folgendes:
2. Imaginiere 5.2.1.2. und 5.2.1.3. nacheinander.
3. Imaginiere, wie sich die beiden glühend weißen Atemströme als 2 Krafträder um Deinen Körper drehen.

5.2.2 Die Mumie Teil 1

1. Mache die Mittlere Säule, wie beschrieben. Wenn Du die Sephiroth alle imaginiert hast, mache folgendes:
2. Stelle oder lege Dich in die Form des Osiris, das heißt die Arme liegen über Kreuz an der Brust.
3. Jetzt imaginiere, dass Du Dich wie eine Mumie von unten nach oben einwickelst. Spüre und sieh, wie sich ein weißes Band aus Energie von Malkuth ausgehend unter Deinen Füßen im Uhrzeigersinn um Deinen Körper wickelt wie eine Bandage. Wickle Dich vollkommen ein bis das Band in Kether endet. Verharre in dieser Position etwa 5 Min. und spüre, wie die

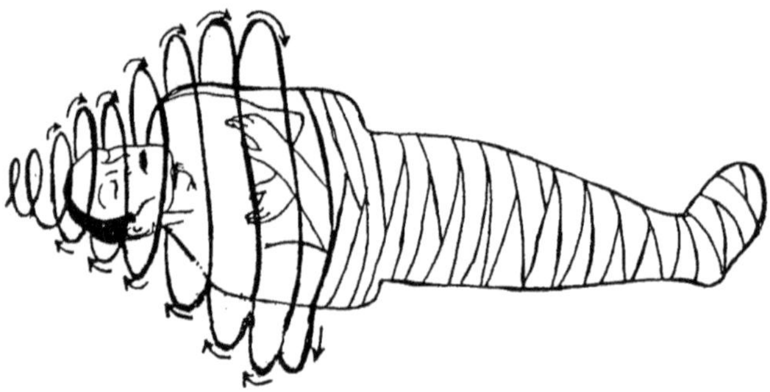

Abb. 18: Die Mumie

Energie von Malkuth nach Kether durch die Bandagen fließt und Deine Aura reinigt und kräftigt.

Achtung: Die Wicklung muss gleichmäßig sein und darf keine Lücken haben.

4. Wickle das Band dann wieder - oben beginnend - vollständig ab.
5. Danach mache das Kabbalistische Kreuz, wie Du es kennst.
6. Beim Beenden der Mumie vergiss nie, Dich wieder auszuwickeln!

5.2.3 Die Mumie Teil 2

1. Mache die Übung wie in 5.2.2., aber imaginiere folgenden Energiefluss, wenn Du Dich eingewickelt hast.
2. Die Energie fließt spiralförmig von unten die gewickelten Bänder entlang. Wenn sie oben angekommen ist, fließt sie durch die Mittlere Säule durch Deinen Körper hindurch bis nach Malkuth. Von dort beginnt das Ganze von vorne.
3. Beginne langsam und der Reihe nach.

4. Wenn Du die Bewegung beherrschst, dann stelle Dir das Ganze als Energiefluss vor, d.h. eine Spirale nach oben und Mittlere Säule nach unten gleichzeitig.
5. Dann wickle wieder ab und schließe mit dem Kabbalistischen Kreuz.

5.2.4 Zirkulation der Energien und Vibrieren von Gottesnamen

Wir nehmen jetzt zur Mittleren Säule den zirkulierenden Atem und die Gottesnamen hinzu.

1. Wähle jetzt einen Gottesnamen der Sephiroth aus und präge Dir die Schreibweise ein:
    - Kether: Ehieh
    - Chokmah: Yah
    - Binah: YHVH Elohim
    - Chesed: El
    - Geburah: Elohim Gibor
    - Tiphareth: YHVH Eloah Vedaath
    - Netzach: YHVH Tzabaoth
    - Hod: Elohim Tzabaoth
    - Yesod: Shaddai El Chai
    - Malkuth: Adonai ha-Aretz
2. Mache Deine Mittlere Säule einschließlich der Mumie, wie bisher beschrieben.
3. Jetzt visualisiere vor Dir stehend den Namen einer Gottheit in der entsprechenden Farbe leuchtend - glühend.
4. Atme tief und kräftig in Deine Lungen ein.
5. Imaginiere, wie Du den Namen der Gottheit in der leuchtenden Farbe einatmest und in Deiner Lunge sammelst.

6. Halte den Atem an und vibriere den Namen der Gottheit, während innerlich das weiße Licht von Kether in den Namen fließt.
7. Halte weiter den Atem an. Vibriere laut und machtvoll innerlich den Namen der Gottheit und ziehe ihn zusammen mit dem Licht von Kether hinunter zu Malkuth.
8. Stoße den Atem kraftvoll aus und vibriere dabei den Namen. Er muss richtig aus Kether herausgestoßen werden.
9. Du machst die Übung richtig, wenn die gesamte Mittlere Säule bei dieser Übung vibriert!
10. Vergiss zum Abschluss nicht das Abwickeln der Mumie und das Kabbalistische Kreuz!

5.2.5 Aufladen von Gegenständen

Die Namen, mit denen Du experimentiert hast, kannst Du zur Aufladung von Gegenständen benutzen.

1. Mache die Übung aus 5.2.4., ohne die Mumie. Du kannst diese Übung aber auch mit Mumie durchführen, doch achte dann darauf, dass Du sie vor dem Horus abwickelst.
2. Beim Ausatmen tue folgendes:
    a) Imaginiere, wie Du den Atem mit dem vibrierten Gottesnamen über die Stirn ausstößt.
    b) Mache dabei den Horus!

5.2.5.1 Erweiterung

1. Du kannst die Übung aus 5.2.4. jetzt verstärken, indem Du den vibrierten Namen nicht ausstößt, sondern wieder in der Lunge sammelst.
2. Ziehe ihn dann wieder hinunter zu Malkuth.
3. Halte die ganze Zeit über den Atem an! Das verstärkt die Intensität dieser Übung. Wickle, bevor du den Horus machst, die Mumie ab.

4. Jetzt stoße den Namen kraftvoll mit dem Atem über den Horus aus.
5. Vergiss nicht das Kabbalistische Kreuz zum Abschluss!

5.3 Anwendung der Mittleren Säule

Alle beschriebenen Schritte der Mittleren Säule können bei ein- bis zweimaligem täglichen Üben in ca. 4 Wochen durchlaufen werden. Im Durchschnitt kannst Du davon ausgehen, dass Du jeden Schritt mindestens dreimal durchführen solltest, bevor du mit dem nächsten beginnst.

Bei der Durchführung werden verschiedene Hitzegefühle auftreten (vor allem bei der Mumie). Das geht von einem starken Energiegefühl bis zu anfänglichem Schwindelgefühl, da dieser starke Energiefluss ungewohnt für Dich sein kann. Gehe also bewusst und aufmerksam mit dieser Übung um. Die besten Ergebnisse erzielst Du, wenn Du alles zu Imaginierende so klar wie möglich siehst und spürst.

Wenn Du jemanden besuchst, der krank oder niedergedrückt ist oder eine depressive Wirkung auf Dich ausübt, solltest Du diese Übung vorher durchführen. Im Falle der Person, welche eine depressive Wirkung auf Dich hat, solltest du auch imaginieren, dass Deine Aura an der Grenze undurchdringlich ist. Damit stellst Du sicher, dass die Person Deine Abschirmung nicht durchdringen kann, um Dir Deine Lebenskräfte zu rauben. Denn wenn jemand eine depressive Wirkung auf Dich hat, so liegt das gewöhnlich daran, dass er von Dir bewusst oder unbewusst Lebenskraft abzieht.

Auch bei dieser Übung ist es wichtig zu bedenken, dass wahre Stärke im Schweigen liegt. Wenn Du versuchst, ihre Wirkungen zu früh zu analysieren, wirst Du ihren Nutzen mindern. Übe, wie auch bei allen anderen Ritualen, zuerst für mindestens einen Monat in Schweigen und einfachem Vertrauen, bevor Du versuchst, sie rational zu ergründen.

Die Kräfte Deiner Aura kannst Du auf andere übertragen, um ihnen zu helfen. In der ersten Zeit ist es jedoch besser, die Kräfte für Dich selbst zu behalten. Erst, wenn Deine Aura sehr stark und ausgeglichen ist, d.h. wenn Du sehr vital und ausgeglichen bist, wirst Du durch den Versuch, Kräfte auf andere zu übertragen, nicht nur Energie verschwenden.

Alle Versuche, Anderen dadurch Gutes zu tun, sie zu heilen oder zu stärken, sollten für einige Zeit vermieden werden. Diese Methoden besitzen ihre eigene Dynamik und erfordern zur ihrer Ausführung trainierte und ausgeglichene Auren und Körper. Bevor Du daran gehst, anderen Menschen nicht nur durch die normale Art freundlichen Beistandes zu helfen, musst Du zuerst fähig sein, Dir selbst zu helfen.

Kapitel 6

Hexagramm-Ritual

In diesem Kapitel wird die moderne Form des Hexagramm-Rituals erklärt. In genauen Übungsbeschreibungen lernst Du, es anzuwenden.

6.1 Bedeutung und Wirkung des Hexagramm-Rituals

Das Hexagramm ist ein mächtiges Symbol, das die Wirkung der 7 Planeten unter der Herrschaft der Sephiroth und der Buchstaben des 7-buchstabigen Namens ARARITA darstellt. Das Hexagramm ist das Siegel oder Symbol des Makrokosmos, wie das Pentagramm der Siegelstern des Mikrokosmos ist.

Definiton: **Makrokosmos = großes Universum,** **Mikrokosmos = kleines Universum**

Von jeder Spitze des Hexagramms geht ein Strahl aus, der die Ausstrahlung der göttlichen Energie symbolisiert. Es wird daher das »flammende Hexagramm« oder der »sechsstrahlige Siegelstern« genannt. Das Hexagramm wird zwar gewöhnlich mit einem einzelnen Punkt nach oben gezeichnet und so entspricht es auch seiner Stellung am Baum des Lebens. Aber seine Bedeutung verändert sich nicht, wenn zwei Punkte nach oben zeigen. Insofern unterscheidet es sich vom Pentagramm.

Wenn Du ein Hexagramm zeichnen willst, welches Du als Symbol bei Dir trägst, so zeichne es in den entsprechenden Farben auf schwarzem Hintergrund.

Die planetaren Kräfte sind den Winkeln des Hexagramms wie folgt zugeordnet:

Die Anordnung entspricht der der Sephiroth am Baum des Lebens, wenn das Hexagramm auf diesen übertragen wird. Der unterste Punkt entspricht Yesod, der oberste entspricht Daath. Welche Kraft mit dem Hexagramm angerufen wird, ist davon abhängig, an welcher Spitze begonnen und in welche Richtung der Strom gelenkt wird. Die Farbzuordnung entspricht den Planeten in den Pfaden.

Das Hexagramm ist ursprünglich aus dem Dreieck des Feuers und dem des Wassers zusammengesetzt. Die moderne Form ist jedoch durchgezogen. Das Hexagramm kann daher - wie das Pentagramm - in einer durchlaufenden Linie gezogen werden. Alle anrufenden Hexagramme folgen dem Lauf der Sonne, d.h. von links nach rechts.

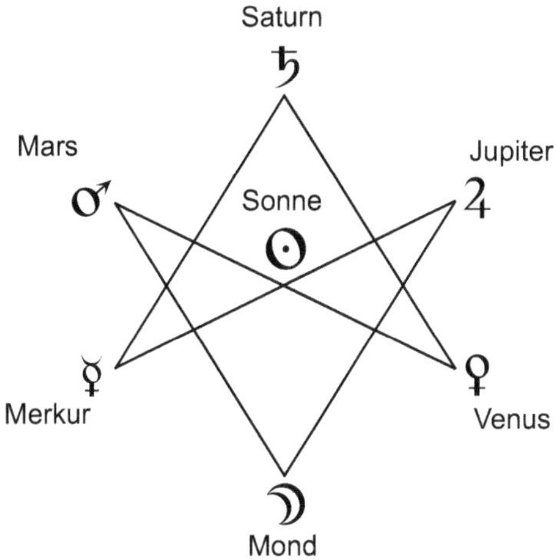

Abb. 19: Das unicursale (mit einer Linie gezeichnete) Hexagramm mit den Zuordnungen der Planeten

Die bannenden Hexagramme werden von rechts nach links gezogen, von dem gleichen Winkel ausgehend, wie das entsprechende anrufende Hexagramm, aber entgegengesetzt dem Lauf der Sonne. Das Hexagramm jedes besonderen Planeten beginnt vom Winkel des Planeten. Das Symbol des Planeten selbst wird dann in das Zentrum gezeichnet. So beginnt das anrufende Hexagramm des Saturn bei der Saturnspitze, dem Lauf der Sonne folgend.

(Bei der praktischen Durchführung wird nur das Symbol im Zentrum und das Hexagramm gezeichnet, die anderen Symbole sind in den Abbildungen nur zur Verdeutlichung dargestellt.)

Die bannenden Hexagramme beginnen an der gleichen Spitze, wie die anrufenden. Auch die Reihenfolge ist die gleiche, nur die Strömungsrichtung ist umgekehrt.

6.2 Die bannenden und anrufenden Hexagramme der Planeten

Siehe Abb. 20 auf S. 67 und Abb. 21 auf S. 68.

Links ist jeweils die anrufende und rechts die bannende Form des Hexagrammes.

6.3 Das kleine Hexagramm-Ritual

Beginne mit dem Kabbalistischen Kreuz und benutze das der Art der Arbeit entsprechende magische Werkzeug, entweder den Lotusstab oder das Schwert. Darauf folgt die Analyse des Schlüsselwortes I.N.R.I.:

1. Stehe aufrecht, die Füße zusammen, den linken Arm an der Seite. Der rechte Arm vor dem Körper hält den Stab oder eine andere Waffe aufrecht in der Mittellinie des Körpers.

   Dann richte Dich nach Osten und sage:

2. *I.N.R.I.*
   Yod, Nun, Resh, Yod,
   Virgo, Isis, Mächtige Mutter.
   Scorpio, Apophis, Zerstörer.
   Sol, Osiris, Erschlagen und Wiederauferstanden.
   Isis, Apophis, Osiris, IAO.

3. Strecke die Arme in Form eines Kreuzes aus und sage: *Das Zeichen des erschlagenen Osiris.*

4. Hebe den rechten Arm und zeige mit ihm nach oben, indem Du den Ellenbogen rechtwinklig hältst, strecke den linken gerade seitlich aus, so dass die Arme ein L bilden und sage: *Das Zeichen der trauernden Isis.*

5. Erhebe die Arme in einem Winkel von 60° zueinander über den Kopf, der zurückgeworfen ist, und sage: *Das Zeichen von Apophis und Typhon.*

Zugrichtung der Hexagramme

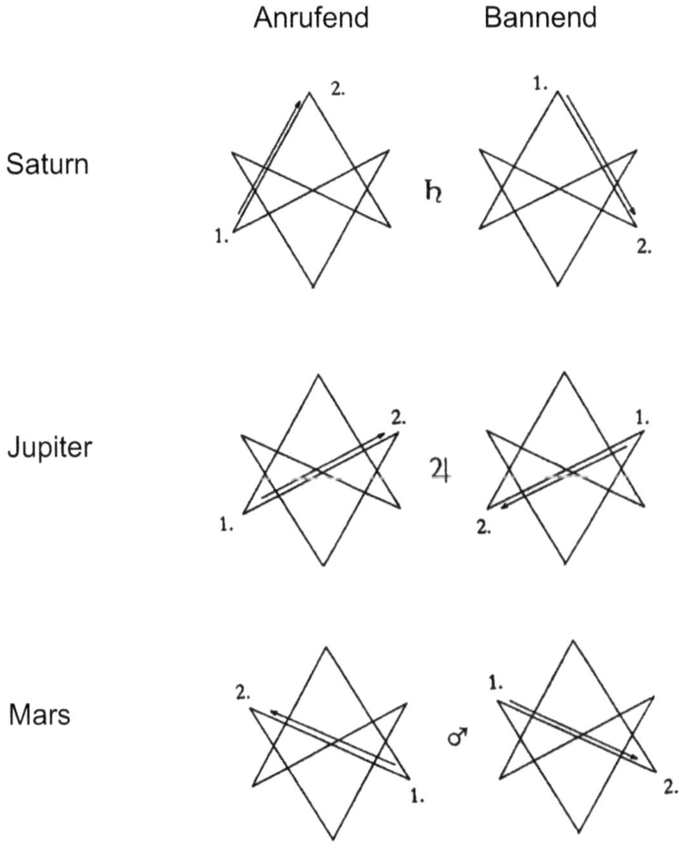

Abb. 20: Zugrichtung der Hexagramme für Saturn, Jupiter und Mars

Zugrichtung der Hexagramme

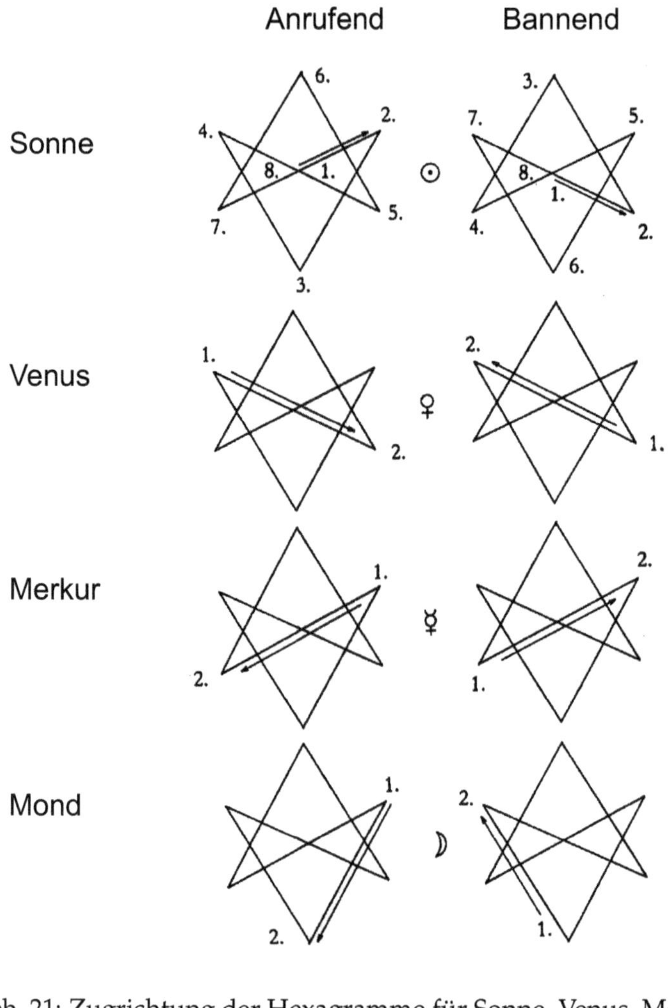

Abb. 21: Zugrichtung der Hexagramme für Sonne, Venus, Merkur und Mond

6. Kreuze die Arme über der Brust, neige den Kopf und sage: *Das Zeichen des auferstandenen Osiris.*
7. Gib nochmals die Zeichen wie in 4., 5. und 6. und sage dabei: *L.*(bei 4.) *V.*(bei 5.) *X.*(bei 6.), *Lux, das Licht des Kreuzes.*
8. Schau weiterhin nach Osten und ziehe das bannende Hexagramm des Saturn. Vibriere dabei den Namen *ARARITA.* Dann ziehe im Zentrum der Figur das Zeichen des Saturn und vibriere *JEHOVA (YHVH) ELOHIM.*
9. Wiederhole Punkt 8 in alle vier Himmelsrichtungen. Danach wende dich wieder gen Osten.
10. Wiederhole die Analyse des Schlüsselwortes I.N.R.I.
11. Schließe ab mit dem Kabbalistischen Kreuz.

Kapitel 7

Das Rosenkreuz-Ritual des Neuen Äons

In diesem Kapitel wird das altbekannte Rosenkreuz-Ritual in einer, dem neuen Äon angepassten Form, vorgestellt. Die Grundlage für Rituale des Neuen Äons ist das Liber Al vel Legis. Aleister Crowley erhielt es von einer Wesenheit Namens Aiwass.

7.1 Die Wirkungsweise des Rosenkreuz-Rituals

Das Rosenkreuz-Ritual, im folgenden RKR abgekürzt, hat keinen anrufenden oder energetischen Charakter. Es ist bannender Natur, im Gegensatz zum Pentagramm- oder Hexagramm-Ritual, welches je nach Situation sowohl bannend, als auch anrufend verwandt werden kann.

Es lässt sich auch nicht mit den bannenden Pentagramm oder Hexagramm-Ritualen vergleichen. Bannende Pentagramm und Hexagramm-Rituale wirken wie ein unsichtbarer Schutzschirm, der durch Vollziehen des Rituals um den Raum gezogen wird.

Im Normalfall werden z.B. die Pentagramme an den Wänden des Tempels imaginiert. In diesem Falle besteht der Schutzschirm genau um den Tempel herum. Man kann die Pentagramme aber auch weiter weg imaginieren, über den eigentlichen Raum hinaus und vergrößert somit entsprechend den geschützten Raum.

Mit Schutzschirm meine ich folgendes: Ein von Dir astral gebanntes astrales Wesen kann den Raum zwar noch sehen, wird aber von einer unsichtbaren Barriere daran gehindert, ihn zu betreten. Bannende Penta- und Hexagramm-Rituale stellen eine durchsichtige Energiebarriere dar. Entsprechende anrufende Rituale bauen zwar ein ähnliches Feld auf. Es wirkt aber anziehend statt abstoßend.

Beim RKR ist das anders. Das RKR erzeugt zwar auch eine schwache Energiebarriere, aber seine Stärke liegt in einem anderen Effekt: das RKR vernebelt. Das bedeutet, dass im Gegensatz zu den gerade besprochenen Bannungen hier der Schutzschirm zwar schwächer ist, aber dafür nicht eingesehen werden kann. Das RKR ist sozusagen eine »astrale Jalousie«.

Das RKR schützt Dich vor astralen »Zuschauern«.

Damit müssten für Dich die Vor- und Nachteile klar geworden sein. Ein astrales Wesen, dem es gelingt, eine Pentagramm Bannung zu durchbrechen, gelingt dies erst recht bei einem RKR. Es kann dann sofort aktiv werden. Durchbricht das gleiche Wesen aber eine RKR Bannung, so fehlt ihm die Möglichkeit der Orientierung.

Ist es für Dich außerordentlich wichtig, von astralen Zuschauern verschont zu werden, so benutze das RKR.

Auch in anderen, speziellen Fällen erweist sich das RKR als sehr zuverlässig. Du befindest Dich z.B. an einem Ort, der eine recht eigentümliche Schwingung besitzt, die Du nicht einordnen kannst. Wenn Du an einem solchen Ort magisch arbeiten willst, dann musst Du diese undifferenzierten Schwingungen bannen.

Bei undifferenzierten Schwingungen banne immer mit dem RKR.

Ein bannendes Pentagramm-Ritual hat direkt wegschickenden Charakter. Es veranlasst, dass die angesprochenen Kräfte sofort verschwinden, ohne dass sie etwas dagegen unternehmen können. Ausnahme: Es handelt sich um ein höher gestelltes Wesen.

Die Wirkung des RKR ist anders. Es verbreitet eine heilige Atmosphäre, welche jedes Wesen, dem diese Atmosphäre nicht entspricht, nahelegt, zu gehen.

7.2 Wie das neue RKR entstand

Das alte RKR soll an dieser Stelle nicht angesprochen werden. Interessierte können sich in dem Buch »Geheime Unterweisungen und Rituale des Ordens der Goldenen Dämmerung, Band 1«, erschienen beim Kersken-Canbaz Verlag, informieren.

Die Handlungsweise hat sich nicht geändert, lediglich die zu imaginierenden Symbole und die dazugehörigen Worte der Kraft.

7.3 Die Beschreibung des RKR

Es folgt die Beschreibung des Rituals.

1. Stelle Dich in das Zentrum des Raumes, konzentriere Dich und rufe:
   Tue was Du willst, sei das Ganze des Gesetzes.

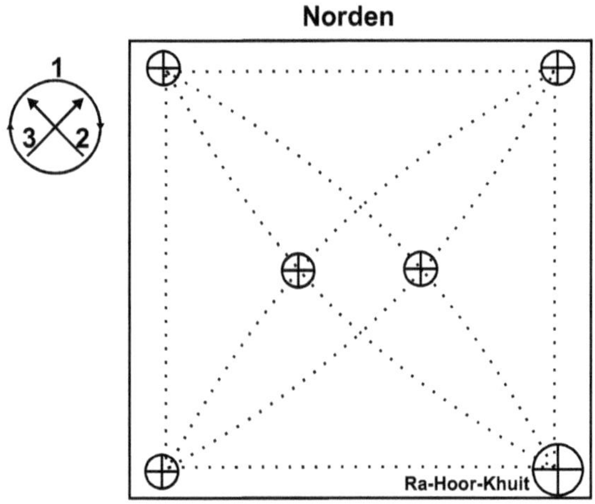

Abb. 22: Bewegungsrichtung beim Rosenkreuzritual

2. Entzünde ein Weihrauchstäbchen, am besten aus reinem Sandelholz. Gehe zur Süd - Ost - Ecke des Raumes und zeichne in diese mit dem Weihrauchstäbchen einen großen Kreis und ein großes Kreuz. Beachte dabei die korrekte Reihenfolge der einzelnen Teile des Symbols.
3. Das neue Symbol ist das Zeichen des Tieres, aber auch das Symbol des Banners des Westens. Das Ziehen des Kreises gegen den Uhrzeigersinn entspricht der Anrufung der schützenden Kräfte.
4. Nach dem Zeichnen der Figur halte das Weihrauchstäbchen in ihr Zentrum und vibriere:
   Ra-Hoor-Khuit!
   Ra-Hoor-Khuit ist ein Aspekt des Gottes des Äons, Horus.
5. Strecke den Arm in gleicher Höhe mit dem Zentrum des Kreuzes aus. Gehe, das Weihrauchstäbchen gen Wand des Raumes haltend, zur Süd-West-Ecke. Zeichne dort das gleiche Symbol in der gleichen Art und Weise, aber etwa halb so groß. Vibriere wieder:
   Ra-Hoor-Khuit!

Vergleiche zur besseren Vorstellung des Ritualtextes mit der vorherigen Abbildung.

6. Desgleichen zur Nord-West-Ecke.
7. Desgleichen zur Nord-Ost-Ecke.
8. Vervollständige den Kreis durch Rückkehr zur Süd-Ost-Ecke und bringe die Spitze des Weihrauchstäbchens zum zentralen Punkt des ersten Kreuzes zurück.

   Der erste Teil des RKR besteht also im Beschreiben eines Kreises im Uhrzeigergegensinn, beginnend im Nordosten.

   Sollte Dein Tempel im Vergleich zu der Abbildung um 45° gedreht sein, so dass die vier Haupthimmelsrichtungen in den Ecken liegen, musst Du beim RKR statt in den Ecken im Zentrum der einzelnen Raumseiten beginnen.
9. Halte das Stäbchen mit ausgestrecktem Arm in die Höhe. Gehe zum Zentrum des Raumes, indem Du in Richtung Nord-West läufst. Im Zentrum des Raumes ziehe Kreuz und Kreis über Deinem Kopf und vibriere den Namen.
10. Gehe, das Stäbchen weiter in die Höhe haltend, zum Nord-Westen und bringe die Spitze des Stäbchens, indem Du es herunter bewegst, in das Zentrum des dortigen astralen Kreuzes.
11. Drehe Dich nach Süd-Osten, gehe den Weg zurück bis zum Zentrum, aber halte jetzt die Spitze des Stäbchens auf den Fußboden gerichtet. Im Zentrum angelangt, mache Kreuz und Kreis in Richtung Fußboden und vibriere das Wort.
12. Vervollständige durch Rückkehr zum Süd-Osten. Bringe dabei wieder die Spitze des Stäbchens in das dortige Symbol. Dann gehe mit ausgestrecktem Arm gen Wand zur Süd-West-Ecke.
13. Vom Zentrum dieses Kreuzes, Stäbchen erhoben wie vorher, gehe diagonal durch den Raum in Richtung Nord-Osten. Im Zentrum des Raumes richte die Spitze des Stäbchens in das Zentrum des Zeichens über Deinem Kopf und vibriere das Wort.
14. Bringe das Stäbchen wie gehabt in das Zentrum des Nord-Ost-Kreuzes. Kehre zurück nach Süd-Westen, Stäbchen nach unten

gerichtet. Im Zentrum richte das Stäbchen wieder in das Kreuz unter Deinen Füßen.

15. Im Süd-Westen wird die Spitze des Stäbchens dann wieder in den Kreuzpunkt des dortigen Kreuzes gesteckt. Dann halte das Stäbchen nach außen, verfolge den Kreis in Richtung Nord-West, verbinde mit dem Nord-West-Kreuz, dann Nord-Ost und vervollständige den Kreis durch Rückkehr in den Süd-Osten und damit in das Zentrum des ersten Kreuzes.

16. Ziehe hier noch einmal den Kreis, aber noch größer als beim ersten Mal in dieser Ecke. Vibriere dabei:
Nuit!

17. Setze den Punkt, der imaginäre Schnittpunkt des noch folgenden Kreuzes, und vibriere dabei:
Hadit!

18. Ziehe das Kreuz von der Mitte aus, vgl. Abb. 23 (»Das Schluss-Symbol«) und vibriere dabei pro Teil des Kreuzes:
Ra-Hoor-Khuit!

    Das so gezeichnete Kreuz im Kreis kann als vollständiger Symbolismus der Philosophie des Liber Al angesehen werden. Aus diesem Grund werden auch die drei Al-Götter genannt: Nuit, das uns Umgebende, die Unendlichkeit, der Umfang. Hadit, der unendlich kleine Bewusstseinspunkt und Ra-Hoor-Khuit als die Interaktion dieser beiden einerseits, das Ergebnis derselben andererseits.

19. Kehre zurück zum Zentrum des Raumes und visualisiere die 6 Kreuze im Kreis (ähnlich wie der Abschluss des Pentagramm-Rituals) und sprich:
Khabs am pekht
konx om pax
Licht in Ausdehnung.

    Schließe die Zeremonie mit der Analyse des Schlüsselwortes.

20. Beende mit:
Liebe ist das Gesetz, Liebe unter Willen!.

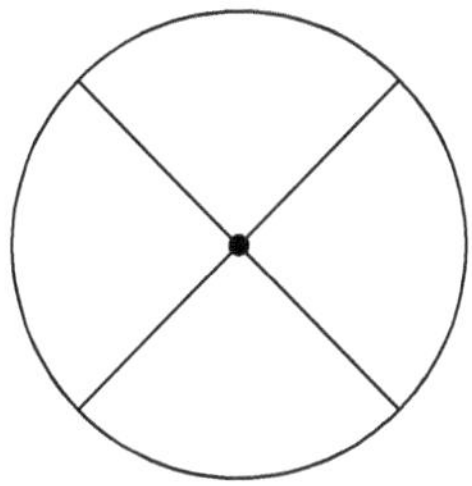

Abb. 23: Das Schluss-Symbol: Das Zeichen des Tieres

Das Schluss-Symbol: Vibriere Nuit, während Du den Kreis ziehst, Hadit, während Du den Punkt setzt und Ra-Hoor-Khuit, während Du das Kreuz zeichnest.

Kapitel 8

Wachturm-Ritual

Du kennst jetzt die grundlegenden Rituale. Du weißt, wie Du anrufst und bannst. Du kannst Deinen Tempel reinigen und weihen, sowie ungestört von unerwünschten Schwingungen oder astralen Zuschauern arbeiten. Nun beginne mit dem Wachturm-Ritual. Beachte: Alle im Ritual vorkommenden Namen sollten von Dir vibriert werden, während die Textpassagen rezitiert werden.

1. Stehe am Altar, nach Osten schauend und verkünde: *Hekas Hekas Este Bebeloi!*
2. Vollziehe das bannende Pentagramm-Ritual. Benutze dazu entweder einen Dolch oder den Zeigefinger.
3. Vollziehe das bannende Hexagramm-Ritual.
4. Gehe zum Süden des Altares, nimm das Räuchergefäß oder den Räucherstab, räuchere dreimal in Richtung auf die Tafel oder das Siegel, halte dann das Räuchergefäß hoch und bewege Dich im Uhrzeigersinn an den Wänden des Raumes entlang, während Du sprichst:
5. *Und wenn Du, nachdem alle Phantome verschwunden sind, das heilige und formlose Feuer sehen wirst, das Feuer, welches durch die verborgenen Tiefen des Universums fließt, lodert und funkelt, so höre Du die Stimme des Feuers.*
6. Wieder im Süden schwenke das Räuchergefäß dreimal zur Tafel oder dem Symbol. Dann ziehe mit dem Feuersymbol das anrufende Pentagramm des Feuers mit dem Zeichen »Leo« als Feuer-Cherub im Zentrum und sprich:

7. *Oip teaa pedoze in den Namen und Buchstaben der großen Tafel des Südens rufe ich Euch an, Ihr Engel des Wachturmes des Südens.*
8. Lege das Feuersymbol zurück, gehe nach Westen. Nimm das Wassersymbol, sprenkle einige Tropfen gegen die Tafel oder das Siegel des Wassers und zirkuliere im Uhrzeigersinn, sprechend:
9. *Und zuerst muss der Priester, der die Werke des Feuers regieret, dem Lustralwasser der widerhallenden See besprengen.*
10. Wieder im Westen, besprenkle dreimal die Tafel oder das Siegel. Ziehe mit dem Wassersymbol das anrufende Wasser-Pentagramm mit dem Adler-Cherub im Zentrum und sage:
11. *Empeh arsel gaiol in den Namen und Buchstaben der großen Tafel des Westens rufe ich Euch an, Ihr Engel des Wachturmes des Westens.*
12. Stelle den Kelch zurück. Gehe im Uhrzeigersinn zum Osten des Altares. Nimm das Symbol der Luft, schwenke es dreimal vor der Tafel, dann gehe wieder im Kreis, indem Du sagst:
13. *Solch ein Feuer existieret, das sich durch die Stürme der Luft erstreckt oder sogar ein formloses Feuer, aus welchem das Bild einer Stimme kommt oder sogar ein blitzendes Licht, reichlich kreisend, hinfortwirbelnd und laut schreiend.*
14. Zurück im Osten schlage die Luft vor der Tafel dreimal mit dem Luftsymbol. Dann ziehe damit das anrufende Luft-Pentagramm mit dem Zeichen für Aquarius als Cherub der Luft im Zentrum. Sprich:
15. *Oro ibah aozpi in den Namen und Buchstaben der großen Tafel des Ostens, rufe ich Euch an, Ihr Engel des Wachturmes des Ostens.*
16. Lege das Luftsymbol zurück, gehe im Uhrzeigersinn nach Norden, nimm das Erdsymbol, streue etwas Salz oder schüttle das Symbol vor der Tafel dreimal. Dann zirkuliere, indem Du sagst:
17. *Beuge Dich nicht hinunter in die finster leuchtende Welt, worin ständig eine trügerische Tiefe ist und Hades in düsterer Trübsal gehüllt sich an unverständlichen Bildern entzückt, jäh und schlängelnd ein schwarzer, immerwogender Abgrund, immer einen unerleuchteten Körper ersehnend, formlos und leer.*

18. Zurück im Norden schwenke das Symbol vor der Tafel dreimal. Dann ziehe mit ihm das anrufende Erd-Pentagramm mit dem Zeichen von Taurus als Erd-Cherub im Zentrum. Sprich:

19. *Emor dial hectega, in den Namen und Buchstaben der großen Tafel des Nordens rufe ich Euch an, Ihr Engel des Wachturmes des Nordens.*

20. Lege das Instrument zurück, gehe um den Altar nach Westen und schaue nach Osten. Nimm die Blume für Geist oder den Zeigefinger, ziehe das aktive und das passive anrufende Pentagramm des Geistes und sage dabei:

21. *Exarp, Bitom, Nanta, Hcoma, in den Namen und Buchstaben der mystischen Tafel der Vereinigung rufe ich Euch an, ihr Schöpferkräfte des Geistes des Lebens.*

22. Stelle die Blume zurück und mache des Zeichen des Trennens des Schleiers. Das heißt: strecke die Hände vor Dir aus mit den Handflächen nach außen und dann ziehe sie scharf auseinander, als wenn Du einen Vorhang öffnest. Dabei sage:

23. *Ich rufe Euch an, Ihr Engel der himmlischen Sphären, deren Wohnort im Unsichtbaren ist. Ihr seid die Wächter der Tore des Universums. Seid auch die Wächter dieser magischen Sphäre. Haltet das Starre und das Unausgeglichene weit entfernt. Stärkt und inspiriert mich, so dass ich diesen Wohnsitz der Mysterien der ewigen Schöpferkraft unbefleckt bewahren kann. lasst meine Sphäre rein und heilig sein, so dass ich darin eintreten und an den Geheimnissen des schöpferischen Lichtes teilnehmen kann.*

24. Gehe nach Nordosten und sage:

25. *Die sichtbare Sonne ist der Spender des Lichtes für die Erde. Die unsichtbare Sonne des Geistes ist der Spender des Lichtes für den Menschen. Ich werde daher einen Wirbel erschaffen, welcher die Strahlen der unsichtbaren Sonne des Geistes in diesen Tempel hereinzieht.*

26. Zirkuliere dreimal, um das Licht herabzuziehen. Beginne im Westen, blicke nach Osten und sprich die Anrufung:

27. *Heilig bist Du, Schöpfer des Universums.*

28. Zirkuliere im Uhrzeigersinn bis zum Osten und mache den Horus gen Osten. Zirkuliere weiter bis zum Westen (1. Runde) und sprich:
29. *Heilig bist Du, den die Natur nicht geformt hat.*
30. Wiederhole die Zirkulation wie oben (2. Runde).
31. *Heilig bist Du, der Große und Mächtige.*
32. Wiederhole die Zirkulation wie oben (3. Runde).
33. *Schöpfer des Lichtes und der Dunkelheit.*
34. Mache das Zeichen des Harpokrat.
35. Mache nach jeder Zeile das Zeichen des Horus (auch Zeichen des Eintretenden genannt). Das heißt, setze den linken Fuß scharf auftretend nach vorne und wirf gleichzeitig die Arme aus den Schultern heraus nach vorne, so dass sie in Höhe der Augen zusammenkommen, der Kopf ist zwischen die Arme gebeugt. Während Du die Arme nach vorn schleuderst, atme scharf aus.
36. Nach der letzten Zeile mache das Zeichen des Harpokrat (auch Zeichen des Schweigens genannt). Dabei stampfst Du mit dem linken Fuß auf, Beine nebeneinander. Sobald Dein linker Fuß den Boden wieder berührt, stehe völlig starr und lege den Zeige- und den Mittelfinger der rechten Hand an die Lippen. Dein linker Arm hängt dabei seitlich herab.
37. Jetzt verkünde den Grund des Rituals, welchen Du Dir vorher aufgeschrieben haben solltest.
38. Setze oder stelle Dich ruhig mit dem Gesicht nach Osten hin, nicht passiv aber ruhig und, falls Du einen Geist angerufen hast oder eine Ebene betreten willst, erwarte sein Erscheinen oder begib Dich dorthin.
39. Wenn Du fertig bist, schließe den Tempel, indem Du die umgekehrten Zirkulationen (zirkuliere entgegen dem Uhrzeigersinn) vornimmst, auch wieder dreimal. Mache jedes Mal das Zeichen des Horus, wenn Du im Osten vorbeikommst. Danach vollziehe die bannenden Rituale von Pentagramm und Hexagramm.

40. Schließe mit:
41. *Im Namen Yeheshua setze ich jetzt alle Geister frei, welche durch diese Zeremonie gefangen wurden. Geht in Frieden zu Euren Wohnorten und geht mit meinem Segen.*
42. **Wichtig**: Für Magier, die mit dem Liber Al arbeiten, sollte angemerkt werden, dass in der obigen Formel Yeheshua nicht durch Nuit, Hadit oder Ra-Hoor-Khuit ersetzt werden darf. Wir arbeiten in diesem Ritual auf Ebenen, die weit unterhalb der Ebenen liegen, welche mit diesen Namen angesprochen würden. Der Name Yeheshua hat hier nichts mit altäonischem Christusglauben zu tun, sondern ist nur die entsprechende, den Elementarkräften übergeordnete, Macht.
43. Nach einer kleinen Pause: Ich verkünde, dass dieser Tempel und alle Tore, die während des Rituals geöffnet wurden, angemessen geschlossen sind.

Literaturverzeichnis

Crowley, Aleister; Magick Bd. 1 und 2; Kersken-Canbaz-Verlag; 1988.

Eschner, Michael D.; Die geheimen Unterweisungen und Rituale des Hermetischen Ordens der Goldenen Dämmerung Band 1 und 2; Kersken-Canbaz-Verlag; 1987.

Eschner, Michael D.; MatheMagie; Kersken-Canbaz-Verlag; 1989.

Eschner, Michael D.; Die Henochische Magie nach Dr. John Dee, 2 Bände; Kersken-Canbaz-Verlag; 2005.

Regardie, Israel; Ceremonial Magic; The Aquarian Press; 1982.